岸田自民で日本が瓦解する日

アメリカ、中国、欧州のはざまで閉塞する日本の活路

金子 勝
Masaru Kaneko
聞き手・山田厚史

徳間書店

岸田自民で日本が瓦解する日

アメリカ、中国、欧州のはざまで閉塞する日本の活路

金子 勝
聞き手・山田厚史

徳間書店

目次

第2章
「新しい戦前」が来る！
～目前に迫るカタストロフに備えよ

民主主義の手続きの徹底的な無視が行われている
第二次世界大戦前と似た雰囲気が漂っている
ドイツと違い、戦後の選択を根本から誤った日本
エネルギー産業の転換を妨げる日本版オリガルヒ
石油元売りに利益を保証するためのエネルギー補助金
再生可能エネルギーにシフトする世界的な流れに逆行する日本
世界の中でガラパゴス化する日本のエネルギー事情
日本を滅ぼす3つの誤り～正常化バイアス・加速主義・脱成長論
カタストロフに備えるためには覚悟が必要

序章　「まえがき」に代えて

50年周期の大変動の時代に日本が取るべきスタンス

経済、社会の変化の見方、捉え方が問われている

原材料価格の高騰や円安を背景として、物価の上昇が続いています。これに対して、岸田文雄首相と黒田東彦・前日銀総裁は、「物価上昇は一時的なもの」とずっといい続けてきました。すでに20カ月近く物価は上がっており、2022年4月に消費者物価が2％を超える状態になってから15カ月（2023年6月）になりますが、いまだに「物価上昇は一時的である」としていて、植田和男・日銀新総裁も金融緩和政策を継続するという姿勢を崩していません。

このスタンスは、日本人のメンタリティにもフィットしています。多くの人は、「なんとかなるのではないか」と思いたいわけです。アベノミクスの悪影響で、賃金は上がらないし産業は衰退しているというひどい状態にあります。なのに、破綻がない状態で10年持ちこたえてきました。ですから、正常化バイアスによって、なんとかなるという惰性が支配しているのではないでしょうか。

しかし、私は「それではまずいですよ。目を覚ましてください」という問題提起をして

おきたいと思います。詳しくは、本文で取り上げていきますが、国債の累積による財政破綻、産業の衰退と貿易赤字の拡大、さらには賃金の下落・格差の拡大、人口の減少という事態を招いたアベノミクス、黒田東彦・日銀前総裁の見直しを図らなければ日本の再生は厳しいというのが現実です。

ここで経済、社会の変化の見方、捉え方のスタンスをしっかりと持ち直さないと、今起きていること、これからなにが起こるのかということを理解できず、その状況を克服していくこともできないといえるでしょう。

景気が50年周期で循環するという「コンドラチェフの波」

そこで登場するのが「コンドラチェフの波」という景気循環についての考え方です。これはロシアの経済学者コンドラチェフが提唱した考え方で、産業と景気は約50年周期で循環してきたというものです。このコンドラチェフの波をイノベーションという概念で説明したのがヨーゼフ・シュンペーターです。

彼が示したのは、古い循環を突き破るような新しいイノベーション、すなわち創造的破壊によって、前の景気循環とは連続せずまったく別物の新たな景気循環が動き始めるという世界観、ダイナミクスです。そうした発想に立たないと、今起きていることやこれから起こることを理解し、どう対応していけばよいのかがわからないということです。

なぜ50年周期なのか。世代が循環する期間だと考えると非常にわかりやすいと思います。15歳から64歳の生産年齢が50年であり、この一世代50年でエネルギーや情報通信の技術が一巡し、戦争の記憶が失われて記録になっていきます。そうして別の世代になり、新しい考え方が生まれるということです。

歴史を時系列的に見ていくと、人類はほぼ50年周期で戦争やエネルギー危機、大きな産業構造の転換、パンデミックなどを繰り返してきました。したがって、シュンペーターの説は非常に説得力があることがわかります。

ただし、シュンペーターは１９３０年代の大恐慌をコンドラチェフ循環の底だと考えたので記述が混乱しています。実は大恐慌は波の中間点にすぎません。ちなみに中間点とは、穀物法廃止と航海条例廃止、ボーア戦争、第二次世界大戦、イラク戦争です。彼の著作から１００年近く経っているので、改めて近代資本主義の歴史を再整理する必要があります。

まず１８１５年にナポレオン戦争が終わって、ウィーン体制ができ、ヨーロッパで大国同士の戦争がなくなり、平穏な状態が訪れます。そして、18世紀の半ばぐらいに、イギリスで産業革命が起こり、蒸気機関を使った綿織物工業、工場制機械工業が勃興して、１８２０年代半ばには蒸気船、蒸気機関車が実用化されるようになり、交通革命が起きて一気に世界を拡大していくという、パックスブリタニカの時代が始まります。

その後、ドイツ、フランス、アメリカがキャッチアップしていき、やがて市場が飽和するのが、１８７３年の大不況です。そこから一気に植民地争奪戦が始まり、新しい産業として鉄鋼業が生まれてくるわけです。そして、穀物法と航海条例の廃止によって世界的な貿易体制が頂点を迎え、そこからピークアウトしていきます。

そこから約50年経った１９１７〜20年には、第一次世界大戦、ロシア革命、スペイン風邪の大パンデミックなどが起こりました。そこで大きく産業が変わって、重化学工業時代が始まります。１９２０年代にはモータリゼーションの時代が始まり、電信電話やレコード、ラジオが生まれ、電気の時代になるわけです。

その後、第二次世界大戦をはさんで、重化学工業時代と冷戦時代の主役がイギリスからアメリカに交代します。第二次世界大戦後は資本主義の黄金時代と呼ばれ、重化学工業時代が一気に花開きます。それが、1970年代のニクソン・ショック、オイルショックによって、金属貨幣が終わり「紙幣本位制」の時代となり、重化学工業時代と冷戦時代の終わりを迎えることになります。

1970年代にIBMやアップルのパーソナルコンピューターが生まれ、70年代の終わりくらいにマイクロソフトが誕生します。1990年代にいわゆる民間のプロバイダーが興り、その後、スマホが生まれ、SNSの時代になってくるわけです。その折り返し地点となったのが、イラク戦争です。1991年に湾岸戦争が終わり、アメリカ同時多発テロが2001年、イラク戦争が2003年に起こります。そこでアメリカが金融と情報通信で世界を牛耳ると思われていましたが、イラク戦争にユニラテラリズム、つまり単独行動主義で突入したために、アメリカ中心の仕組みが壊れ始めます。

50年周期の節目にあることを理解できていない日本

そして、1970年代から50年経った現在は、コンドラチェフの波による節目の時期に当たります。金融緩和政策が継続される状況のもと、追い打ちをかけるように新型コロナ禍、ロシアのウクライナ侵攻、中国の不動産バブル崩壊などが起こり、化石燃料や原材料の価格高騰をきっかけとした50年ぶりのスタグフレーション（不況下の物価上昇）が生じています。

私は2021年11月頃から、「悪魔の予言」をしていました。1％ほど物価が上がった頃から物価はさらに上昇していく、そしてスタグフレーションがやって来ると警鐘を鳴らし続けていましたが、いくつかの金融機関が破綻し、結果として、この予言は的中することになりました。この予言が現実のものになったのは、50年周期のコンドラチェフの波が起こるという考え方を踏まえていたからです。

世界の体制でいうと、現在はアメリカ、EU、中国の3極がせめぎ合っており、いずれの国もイニシアチブを完全に取ることができません。しかし日本は、ヒエラルキー的に国際経済秩序が安定する状況ではないという自覚がないまま、アメリカについていけば安全であるという思考停止状態にあります。

日本には、3極のせめぎ合いが激しくなると、同じように困る韓国や台湾と共同歩調を取り、世界を融和する働きをしながら、自分たちのイノベーションを進めていくことが求められています。にもかかわらず、50年周期の意味を理解できず、物価上昇が一時的であると考えて、アメリカのヘゲモニー（指導的・支配的な立場）にすがりついていけばなんとかなるというスタンスがずっと続いているわけです。

日本がイノベーションで遅れを取っている4つの産業

日本の産業の衰退は、中曽根政権下の1986年の日米半導体協定でアメリカに対する奴隷根性、弱腰から優位性を譲ってしまったことから始まっています。さらに、1991年からのバブル崩壊、2011年の東日本大震災による原発事故において、経営者も担当官庁も誰一人責任を取らない無責任体制にあり、そういう中で衰退が加速し始めているのが今の状態です。政治家も3世、4世がのさばっており、縁故主義でお金を回しているという非常に危機的な状況にあります。このままでは、シュンペーターがいうような創造的破壊による新たなイノベーションは生み出すことができません。

こうした状況の中で、日本はどのようなイノベーションで遅れを取っているのかというと、具体的には情報通信産業、ＲＮＡ医薬品、電気自動車（ＥＶ）と自動運転、エネルギー転換の４つの産業です。これらは世界的に大きな転換の動きがありますが、日本は完全に遅れを取ってしまっています。50年周期の大きな循環が来ているにもかかわらず、それに対する構えが日本にはまったくないのです。

●情報通信産業

ＧＡＦＡ（アメリカの大手ＩＴ企業グーグル、アップル、フェイスブック（メタ）、アマゾンの４社の頭文字を取って作られた造語）に遅れを取ってしまっている、日本のＮＥＣ、富士通、ＮＴＴコミュニケーションズ、日立などの御用達ＩＴ企業が政治献金し、天下りを受け入れ、国家プロジェクトで生きていこうとしていますが、トラブルだらけのマイナ保険証にも対応ができないほど衰退しています。したがって、国民生活にも大迷惑を及ぼしてしまうという状態が見えてきます。

●ＲＮＡ医薬品

世界的には、ビオンテック社のカタリン・カリコ女史によるメッセンジャーＲＮＡワクチンという画期的な発明がありましたが、日本の医薬品メーカーにはまったく成果がありませんでした。２０１８年に、東京大学医科学研究所の石井健教授が第一三共と組んで、同じようなメッセンジャーRNAワクチンが治験の段階まで行ったものの、結局、国から資金が出ずに頓挫してしまいました。その関係でお金が流れたのは、ライフサイエンス研究と称した加計学園という本当にどうしようもない状態です。

●エネルギー転換

ヨーロッパ各国では、脱原発の動き、化石燃料の時代が終わりを迎えようとしている状況の中で、再生エネルギーへの転換が猛烈な勢いで進んでいます。ところが、日本だけはこの動きに逆行しているのが現実です。

本来であれば、東京電力も廃業させなければいけませんが、経産省が事故の直接の責任を負うのがいやなので生き延びさせ、責任を曖昧にしています。地域独占を放置し、カルテルで新電力潰しをしたり、お互いの顧客を奪い合わないようにしたりしています。化石燃料依存でコストが上がった分は、電力の値上げに転換しています。化石燃料に依存しない再生エネルギーにシフトすればコストは安くなるのに、それができないのです。

原発依存のために再生エネルギーを妨害していたので、「原発がないと電力が足りない」という話にすり替えて、原発は安いというウソ、でたらめを吹聴しています。

●電気自動車・自動運転技術

自動車のＥＶ化は、もはや世界的な流れとなっているのは皆さんもご存じの通りです。しかし、この分野での日本の出遅れは著しく、２０２６年にトヨタが次世代ＥＶを出したとしても通用するかどうかは、はなはだ疑問です。世界のトップを走るテスラやＢＹＤにさらに引き離されてしまう可能性が十分にあるといえます。

自動運転技術に関しては、ＢＹＤに対抗すべく日野自動車と三菱ふそうの合併がありましたが、トヨタ自動車の社長は水素燃料でやろうといっているので、本気で遅れを取り戻そうと考えているのか、これにも疑問を抱かざるを得ません。

日本の貿易は「自動車一本足打法」で、唯一自動車産業が健闘してきました。しかしＥＶ化と自動運転の遅れによって、厳しい状況に追い込まれることは間違いないでしょう。

イノベーションの足を引っ張る体制が長く続いている

先端産業が立ち遅れている中で、安倍政権の10年間が非常に致命的になっています。半分「死に体」だった電力会社は、社債を発行すれば日銀が買ってくれる。東芝や神戸製鋼など、スキャンダルでつぶれてもおかしくない企業が救われ、イノベーションを行うより、経営者がストックオプションで自社株を持って、株を日銀が買い支える。円安で1ドル120円で輸出していたものが1ドル140円になれば、無能な経営者でも儲かるようになるのです。

ひたすら円安と株価中心の経営で、内部留保と配当と自社株買いにお金を投資し、技術革新あるいは人材育成に対して投資しないといったやり方が蔓延しています。そういう体制が長く続いているので、イノベーションの足を引っ張ってしまうわけです。

産業が後退していくにつれて、安倍晋三・元首相は日本版オリガルヒ（政権と結びついた新興財閥）を構築し、プーチンと似た体制を目指していたのだと思います。岸田政権と経産省はアベノミクスに追随し、地域独占の電力オリガルヒによる老朽原発の再稼働、GAFAに勝てない日本のIT企業を救済するマイナンバー事業、IRとカジノなどオリガルヒによる巨大国家事業を軸とするプーチン型の「成長モデル」を追求しています。間違った方向に進んでいる日本の産業は、このままでは衰退が止まらないでしょう。

さらに、日本の持続可能性を疑うようなデータも非常に多く示されています。1997

年以降、実質賃金はずっと下降傾向にあります。ＯＥＣＤ先進国は日本を除きすべて上がっており、日本の一人あたりＧＤＰは31位まで下がっています（２０２２年ＩＭＦ統計より）。34位の韓国に抜かれるのもそう遠くないかもしれません。

一方、日本のＧＤＰは現在世界3位です。２０１０年代半ばには世界に占める割合が17%ぐらいありましたが、現在は５％ほどで3分の1以下に縮小しています。代わりに中国の比重が圧倒的に上がっており、一人あたりＧＤＰでは韓国、台湾の台頭が目覚ましい。日本は、明らかに「後進国」化してきているといえるでしょう。

また、人口減少にも歯止めがかかりません。生産年齢人口はこの20年で１０００万人以上減ってきています。オイルショックまでは、年間の出生者数は２００万人台でした。それが１００万人を割るようになり、２０２２年は77万人と80万人割れの深刻な事態になっています。これでは持続可能性がありません。

しかも、厚労省の発表によれば、２０２２年の「出生率」は、7年連続の下落で1・26となり、05年と並んで過去最低水準を記録。出生者が減り、出生率も下がっているのですから、人口減少に歯止めがかかるわけがないのです。

ショックに強い地方分散型の経済体制へ転換を！

イノベーションが世界中で起きている50年周期の節目の中で、日本は猛烈に逆回転しています。そうであれば、国家の破綻を防ぐことを優先的にしなくてはならないはずです。危機的な状況を乗り越え、日本はこれからどうやって生きていくかを考えなければならないにもかかわらず、思考停止もいいところで、日本には戦略がないのが現状です。全体の秩序が崩壊したとき、その拠点になるのが「地方」です。地域でノアの方舟のように自給自立で生きていけるようにして、そこから離陸し直すしかありません。

貿易収支が悪化していく中で、産業がいきなり立ち上がらないとしたら、エネルギーと食料の輸入を減らし、エネルギーと食料の自給を向上させるプログラムをつくっていかなくてはならないのです。そのためには、地方を強化し、地方分散型の社会に転換していく必要があります。大型デパートや大型スーパーの時代が終わり、コンビニが生き残っていく時代になったのと同じように、ＩＴ、ＩｏＴといわれる情報通信技術、再生可能エネルギーも分散型へとシフトしていくことが求められています。実は、ここがイノベーションの種になっていくのです。

これからの日本は再生エネルギーに大きく投資したり、IoTでスマートグリットをつくったり、農業の人手不足、担い手不足の中でスマート農業化していかなければなりません。その中で、地方が自立的な基盤を築き、その比重が高まっていくことによって、対外ショックにも強くなっていきます。実際に、農業経営管理ツールを販売している新潟の「ウォーターセル」のように、地方でも革新的なIT会社が立ち上がっています。地方から新しい動きが生まれ、地方から底上げをしていくという戦略、さらに起業するにも全国一律のフェアなルールに変えていくことが地方分散型社会への転換を図るうえで不可欠です。日本版オリガルヒ（ソビエト連邦の崩壊に続くロシア経済の民営化を通じて、1990年代に急速に富を蓄積した大富裕層）の既得権益体制を解体し、新しい基盤をつくって変えていかないと、この国の未来はありません。

その中で、人材をしっかり育成するには、地方大学を含めた人への投資が必要です。人材育成には、どうしても時間がかかるものですが、焦ることなく、どうやって貿易赤字を防ぐか、どうやって地方で生きていけるかなど具体的な目標を掲げながら、最終的に人がそれをイノベーションに結びつけていく流れを構築して、10年かけて反転していくしかありません。

現在は、都市周辺と地方、大企業と中小企業の格差が大きくなっています。そこで、ローカルなサーバーで、地方の農業や中小企業は生産性が向上できるようなエッジコンピューティング、幅広い通信の技術、人材の貯水池などをつくり上げることによって、反転させていく必要があります。

日本をボトムから再建するトレンドに、一人ひとりがもっと加わっていかなければなりません。例えば、就活するにしても、今起きている時代のダイナミックな流れが理解できていれば、自分がどの企業に勤めたいかという選択ではなく、どういう仕事をすればこの時代の流れに乗れるのかという考えが、就活の基本的なスタンスに変わっていきます。そうすればしめたものです。多くの優秀な人材が育つと同時に、活躍の機会がたくさん生まれてきます。そういう社会が1日も早く実現することを願ってやみません。

第1章

破局からの再生を目指す

～黒田日銀の敗北をどう処理するか

10年国債の金利が0・5%になった意味は重い

山田　まず初めに「破局からの再生を目指す」ということで、黒田日銀の敗北が意味するものについて、じっくり話していただきたいと思っています。

２０２２年の年末からいろいろとくすぶっていましたが、２０２３年1月5日、財務省は10年国債の金利を0・5%に引き上げました。これまでは0・25%でしたが0・5%になりました。「それがどうした?」と思われる人がいるかもしれませんが、これは結構重い意味があり、マーケットに激震が走りました。ある意味で、黒田日銀の敗北がいよいよ見えてきたということになります。

金子　おっしゃるように0・5%だから、たいしたことはないといいますが、国債の累積が１０００兆円を超えている。０・５%の金利負担は結構重く、中期的には5兆円ほどの幅で国債の利子が上がってくるわけです。あるいは日銀が持っている国債が５６５兆円（23年1月10日）を超えています。金利が上がれば国債の価格は下落するので、含み損が膨大になる。たぶん、形式上は債務超過になってしまうのではないかと思います。

山田　0・5％で済めばいいですが、0・5％になったということは、さらに金利が上昇する可能性が十分ありますよね。

金子　2022年中に、FOMC（連邦公開市場委員会）が利上げを終えるのではないかといわれていましたが、結局、金融機関の経営問題があるとしても、2023年に入ってもしばらくの間はFOMCによる利上げが続くだろうという見通しになってくると、やはり日米金利差が広がり、また金利を上げる圧力が加わってくるだろうと思います。

山田　国債金利が上がってくると、財政と日銀の財務が悪くなるということは以前からいわれていましたが、「だけど、そう簡単にすぐ上がるか」とも思われていました。国債の値段が下がり、金利が上がりそうになると、日銀が国債をたくさん買い取り、ある意味で日銀の力で金利を抑え込んでいたわけです。ですから、なんとなく短期金利は日銀が決めるけれど、長期金利も日銀の会議室で決まるんじゃないかというような感じが一般的にありました。しかし、2022年の暮れあたり、特にアメリカが利上げをして世界の金利が上がり始めたら、雰囲気が一変しましたね。

金子　2022年12月20日に、実質上限0・25から0・5％と金利を上げましたが、「これは利上げじゃない」と当時の日銀総裁の黒田さんはそういいました。しかし、これは利上げそのものです。すごいことが起き始めているのを、みんな今一つ意味がわかっていない部分がある。ここでその内容を少し解剖してみようと思います。

金利の上昇圧力に日銀が屈するような事態に

山田　お金の潮目が変わったといわれていますよね。安倍さんが総理大臣になってから長くアベノミクスが行われ、大胆な金融政策・機動的な財政政策・民間投資を喚起する成長戦略を「3本の矢」と呼び、日本経済の再生を目指した。しかし結果として、まったく経済は成長していません。

「異次元緩和をやります」といって登場してきた黒田さんがバンバン国債を買い、ともかくお金を増やして金利を低くする。それによってマイナス金利までになってしまった。今が、そういうお金がジャブジャブあるような流れが逆に大きく締まってくる一つの大きな分岐点でしょうね。

金子　そうですね。2023年1月5日の0・5%の正式利上げが何を意味しているかというと、私は、「カタストロフが来る」と表現していました。山田さんもそういっていたと思いますが、「金利が上がったら、政府も日銀もお手上げだ」と。黒田さんは羊の顔をした狼少年みたいな言い方でしたが、いよいよそれが本番で見えてきた。では、これがどういう形で財政や金融のシステム、あるいは日本経済そのものをカタストロフ、いわゆる大きな崩壊に導いていくのか、その入口がどこなのかをまず確定しないといけません。

山田　金子さんは、よくイールドカーブという言葉を使っています。国債の金利というのは短期だったら低いけれど、それが10年、20年、30年と長期になるにつれて高くなっていく。しかし、なぜか10年債のイールドカーブの一部分が変にへこんでいる。

その10年債というのは、まさに一番たくさん国債が発行されている期間で、これが市場の主要銘柄になったのですが、このイールドカーブがインチキだと。「こういう日銀が力ずくでやっていることはいつまでも続かない」といっていました。

金子　金利のカーブは、２０１５年はなだらかに上昇カーブを描いていたんです。それが２０２２年11月30日から次第にV字型になっている。日銀が介入対象となる10年債の長期金利だけ低くなってへこんだ状態になったためです。12月21日に至ってはさらにV字型になってしまった。それで少し補正して、10年債の金利を０・５％まで許容したことによって少しカーブをならしたわけです。

ところが、2022年末から2023年初めにかけて見ていると、再びV字型になってきました。左のほうは、いわゆる短中期債で1年から10年までの間の金利構造なんですが、マイナス金利がなくなってすべてプラスになってしまった。マイナス金利というのは、日銀が国債の額面より高い価格で買い取っているということです。その場合、政府は金利を負担しなくて済みます。しかし、短期から長期まで、すべて金利がプラスになるということは、国債費がどんどん累積してくる可能性を持っていますから、20年債、30年債、40年債という超長期債の金利のカーブが再び上がりだしました。それが2023年の1月4日です。この状態を見て、1月5日にこのイールドカーブの真ん中を平坦にならすために、10年債を0・5％で買い取りしますという話になったわけです（**図1**）。

ということは、最初は0・25％という範囲だった10年債の部分を買っていればなんとか維持できていたのが、投機マネーがイールドカーブ・コントロールの無理を突いて、どんどん売り圧力がひどくなって入札がなくなった。それから、日銀による国債の直接引き受けは、財政法第5条で禁止されているので政府がブローカーに売って、また一つ転売し、それを日銀が買っていたわけです。

図1　2015年・2022〜23年のイールドカーブ

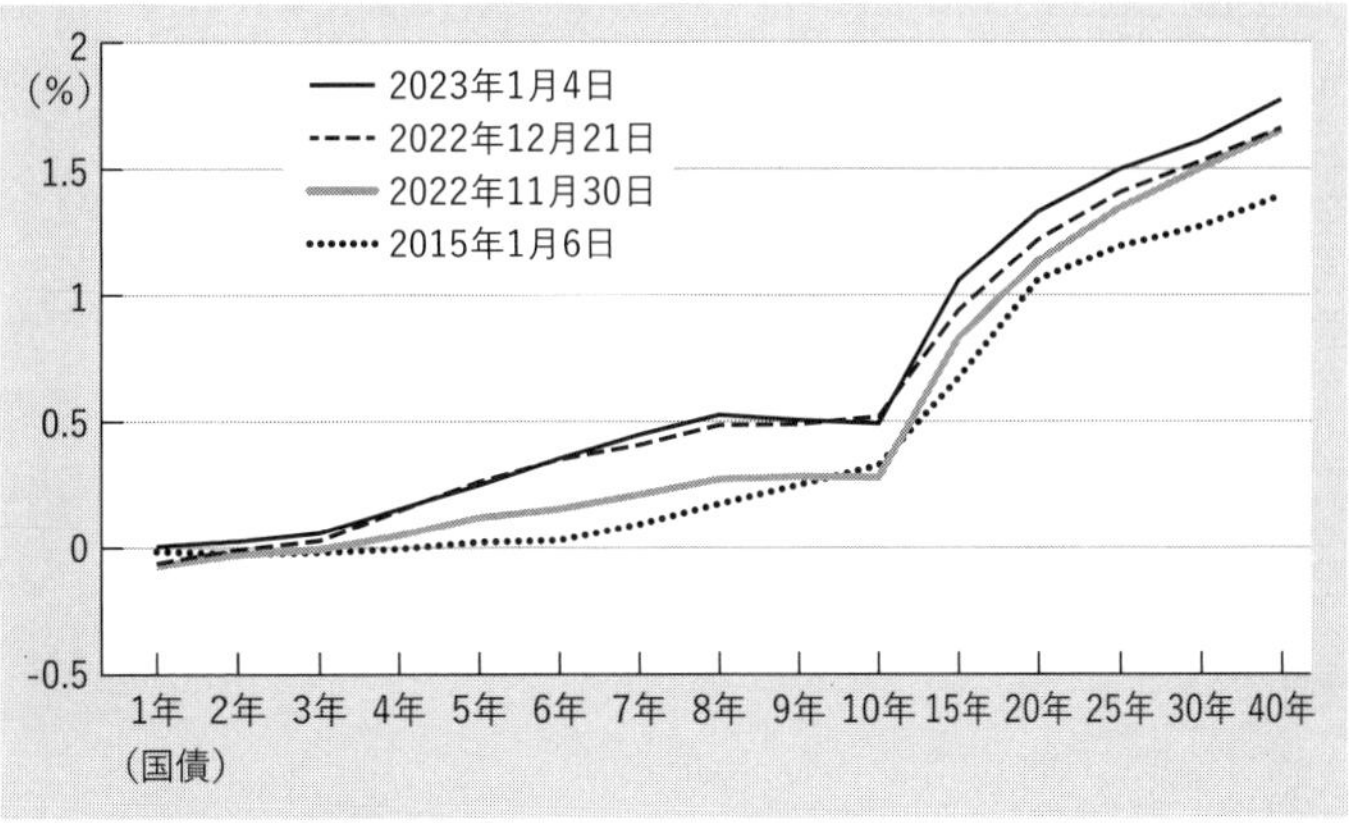

出典：財務省「金利情報」

ところが、日銀が即日買わなければいけなくなってしまった。日銀が必死に買い支えていたら、今度は投機マネーが超長期債、20年債、30年債、40年債を売りにかかり、またV字型になってきてしまったので、綺麗なイールドカーブではなくなってしまったわけです。仕方なく、再度イールドカーブの真ん中を上げなければいけないとなり、これを繰り返してますます利上げの方向、金利の上昇圧力に日銀が屈するような事態になっています。

山田　この背景には、日銀と投機マネーの市場での戦いがあるわけですよね。この間を見ると、何かちょっと歪んでいる。「もう少し10年債の金利が上がるのは間違いない」と投機筋は見ているわけですから……。それで、金利が上がるということは国債の値段が下がるということなので、投機マネーはどんどん先物で国債を売り、また安くなったところで買い戻そうとした。それを日銀が一生懸命、お金を使って買い支えた。

金子　このやり方はもう限界が来ていると思います。結局、2022年12月に日本経済新聞は17兆円と数字を出したのですが、日銀の発表では1カ月で16兆円も国債を買って買い支えなければいけなかった。イールドカーブをならすには10年債だけ買うのではなく、全体でこのカーブをならす必要がある。日銀は必死に国債を買い支えなければいけないので、次第に「国債をいくらでも買うんだ」という無限ループのような状態に入っているということです。

ですから、この状態を持ちこたえられるのかどうか。たぶん黒田さんは、2023年4月の退任まで逃げ切ることしか考えていなかったと思います。「俺の責任じゃない」と。しかし、黒田さんが在任している間に、アメリカが利上げをしたのをきっかけにして、また投機マネーによって国債の金利が上がっていくということが起きる状況なのです。

山田　2023年1月5日に、結局、市場の圧力に屈して日銀が国債の金利を0・5%に上げざるを得なくなってしまった。ということは、もう勝負があったかなと思います。日銀が自分たちの都合のいい金利に抑えることはたぶんできないんじゃないかと……。マーケットが今そのように思い始めていますよね。みんながそう思うと、日銀がいくら買っても効果はなくなりますから、あまり無理にやっていると、逆にいえば国債がマーケットからはじけてしまうというハードランディングが起こる可能性があります。

金子　なにかのきっかけだと思うんです。失言だったり、政策の間違いだったり、それから他の国の利上げがどんどん進むといった海外環境などです。そういういくつかのきっかけで、この歴史的敗北にはやがてまた追撃がやってくる可能性が高い。

山田　これを見ていると、今0・5%に抑えていますが、遅かれ早かれ0・7%とか、場合によっては1%になっていくことは、もう一つの流れとして見えてきます。

金子　市場の予想では、0・75%ぐらいまでは来るんじゃないかということですが、悲観論の場合には「それで済むのか?」という見方もあり得ると思います。

山田　そうなると、先ほどの話ではないけれど、0・5%でも何兆円も金利負担するのに、0・75%だとさらに金利の負担は増える。

金子　すぐには上がらないですが、1%上がって何年か経ったら、平均の償還期限が5年から6年なので、1000兆円の国債で1%の金利といったら10兆円の利払いです。もちろん成長率と税収の見込みで多少変わりますが、43兆円の防衛費なんて、みんな飛んでいくんじゃないでしょうか。ですから、そういう深刻な事態が来ようとしているということをしっかり理解してほしいと思います。

山田　それと、日銀がイールドカーブ、長期金利の水準は自分たちが日銀の会議室に集まって、「何%にしましょう」というふうにできると思うこと自体をマーケットが粉砕してしまったという感じですか？

金子　その通りですね。しかも、イールドカーブコントロールというのは、普通の中央銀行は短期金利はコントロールできますが、長期金利はコントロールできないということでこれまでやらなかったわけです。しかし、金利構造全体をコントロールするなんて、そもそも無理なんですね。しかも日米金利差の広がりがある状況では余計です。

山田　それは、一般的な企業の常識だったわけです。

金子　日銀は、短期の国債金利は低くして長期の国債金利は高くすることでカーブをコントロールしようとしているのに、膨大な量の国債を売り買いしないとコントロールできなくなってしまっています。今、アベノミクスは完全に断末魔の状態に入ってきたということだと思いますね。

山田　奢《おご》りですね。自分たちが国債をバンバン買えばなんでもできる。それこそ、財政だってお金をどんどん供給してやるよ、マーケットだって自分たちで好きな金利をつけられるよという、ある意味でアベノミクスで10年やってきたものがついに破綻したのがこの姿です。0・25%が0・5%になったこと以上に、そういう政策の破綻が目に見えて起きたというのが、2023年1月5日の利上げの特徴ですね。

カタストロフへ向かう3つの入口

金子　そうですね。このことがこれから先、どう経済全体に波及するかについては、3点あります（**表1**）。一つは2022年12月20日から始まった日銀の歴史的敗北です。

山田　12月20日というのは、それまで長期金利の許容範囲プラスマイナス0・25%だったものを0・5%にしますとした日ですね。

金子　その日をきっかけに、2023年1月5日には完全に0・5%になってしまった。

山田　あのとき黒田さんは、「これは利上げではない。ちょっとした修正だから、騒ぐのはおかしい」といっていました。

金子　次々に、負けが込んでいるのに強がりをいい続けています。年頭の黒田発言もそうでしたが、これで114兆円の大規模予算、年間43兆円の国防費を本当に支えられるのかという問題がやがて出てくるでしょう。

山田　それは大きな問題ですね。

金子　2つめは、増税前に総選挙をやるという岸田文雄首相の発言です。これは安倍派の萩生田光一さんが挑発し、「増税をやるんだったら選挙をしろ」といったことに反応して、「やる」といってしまった。その発言で総選挙をすることと増税がセットになってしまっています。このことが、アキレス腱になる可能性があります。

山田　そうですね。だから、「増税をかけて選挙で

表1　この政策はうまくいかない3つの理由

①2022年12月20日に日銀が歴史的敗北を喫したが、もはや114兆円(補正後139兆円)の大規模予算や43兆円国防費を支え切れない →日銀はひたすら国債を買い続けるが、再び投機マネーの攻撃で限界に達する ②「増税前に総選挙をやる」発言がアキレス腱に →総選挙をせずに増税を行った場合、あるいは増税を行わなかった場合 ③先端産業の衰退と貿易赤字の拡大 →ウクライナ戦争が長引いて終わったとき、EV化+自動運転の遅れで自動車一本足打法が終焉したとき、貿易収支の悪化は、いずれ国債売りか円売りかの危機を招来

きるんですか」という話もあるし、そうなるとあの発言はなかったことにして、増税をうたわないで選挙をするか、逆に選挙をやらないで増税してしまうか。

金子　いずれも、あまりうまくいかない……。３つめはもう少し中期的な話です。例えば原発再稼働の方向に舵を切るとか、あるいは自動運転や電気自動車もなかなか進まないといった問題で、さらに貿易赤字が拡大してしまうこともある。

山田　今まで日本が得意とした物づくりがみんな振るわなくなり、せいぜい稼いでいるのは自動車だけだと。その自動車も、ＥＶ化でトヨタが遅れたりしているから、日本の経済は危ないという話が出ていますね。

金子　そこで貿易収支の悪化が長引いたりすると、日本経済全体、実体経済から本当の意味で経済の破綻が起きてきます。

山田　貿易赤字が解消されない。それがさらに経常収支の赤字までになってくる。そうなると、やはり財政と関係してきますか？

金子　経常収支が赤字になると、国内の資金で財政赤字をファイナンス、融通できなくなってしまうわけです。そうすると国債を外国人投資家に買ってもらうということにもなりかねません。その結果、外国人投資家の投機狙いを受けやすくなり、円の信用がなくなり危険な状態になってきます。

民間貯蓄（企業の内部留保と個人貯蓄）と経常収支の黒字（貿易黒字と海外投資収益）があれば、膨張する財政赤字（国債）も国内で消化できます。しかし、新型コロナの直接給付で個人貯蓄は一時的に増えてはいますが、少子高齢化がこのまま進めば、個人貯蓄は減っていきます。その中で貿易赤字がどんどん膨張していくと、経常黒字も減ってきています。欧米の金利上昇でバブルが崩壊すれば、金融機関の海外投資も損失が出ます。再生可能エネルギー、情報通信、医薬品、電気自動車化と自動運転など先端産業中心に国際競争力が低下していけば、海外立地している産業も次第に衰えていきます。日本の産業競争力は高いとはいえ、輸出で外貨を稼いでいくらでも原材料や食料を輸入できるという「加工貿易立国」論はもはや成り立たなくなっているのです。

山田　よく国内のお金＝円で借金しているうちは問題ないといわれますが、円だけでは借金しきれなくなるおそれが出てくる……。

金子　その状態になると、今の国債の売りどころではないような圧力で国債が売られてしまう可能性があるわけです。それから、大きく円安に振れてしまうこともあるかもしれません。ですから、本当の意味でカタストロフになることだってあり得るのです……。

山田　そのような金融財政の構造問題だけではなく、日本全体の産業の衰退が日本経済を悪くしていくという可能性が出てくるわけですよね。

金子　その通りです。私が今すぐに思いつくカタストロフの入口は、このように3つあるわけです。これらに対して、岸田政権はなに一つ対策を取っていない。極端にいうと、危機をどんどん加速させる可能性さえ持っています。ここではそのことが大問題だということを徹底的に分析したいと思います。

日銀の歴史的敗北〜アベノミクスは死出の旅へ

山田　2022年の12月20日には当時の黒田総裁がよくわからない言い訳をいろいろとしていましたけれど、国債の長期金利の変動幅の許容範囲を広げますというのは、敗北の一つの現れだということですね。それでその後0・5％の金利になった。敗北が明らかになってきたという位置づけですか？

金子　そうですね。非常に問題なのは、私はこれを「アベノミクスの死出の旅」と呼んでいるのですが、投機資金に敗北したということです。114兆円の予算を支えられないのは、0・5％の金利では日銀の保有している国債の含み損がたぶん10兆円を超えていると思うからです。そうすると、日銀の自己資本が10・8兆円なので事実上、債務超過になります。ですから、持っている国債は一切売れない。そのような状態からなにが起きるかというと、1000兆円あるといわれる投機マネーのマーケットのうちの560兆円（2022年12月時点）が凍ってしまった状態になる。そこに向かって投機マネーが攻撃しやすくなるわけです（**表2**）。

山田　凍ってしまっているというのは、どういうことですか？

金子　自分で売り買いができないということです。売ってしまうと含み損が表に出てしまうので、結局、日銀がずっと抱え続けざるを得ない状態です。その結果、国債

表2　アベノミクスは死出の旅へ

投機資金に敗北した日銀は114兆円予算を支えられない
1．金利の上昇で、日銀は保有国債の含み損で債務超過
2．短期債に依存しても国債費が増加（2年債はプラスに） →ますます国債依存の泥沼へ
3．当座預金の付利を引き上げるかどうか？
4．金融機関が苦しくなれば、住宅ローンなどが利上げ →景気悪化を加速する
5．投機マネーの圧力が続く（2022年12月は17兆の国債買い入れ）

市場がマヒ状態に陥ってしまい、実態として動いているわずかな国債を目指して、外国の投機マネーが動きやすくなるわけです。

山田　でも、日銀は買えばいいわけでしょう？

金子　買えばいいんですが、ところが１０００兆円が流動化している状態ではなく、動いている国債が限定的なので、投機マネーが先物取引を含めて長期債を売ってしまったり買ってしまったりします。それを日銀が必死に買い支えなければいけない。

山田　日銀がたくさん買っているから、出回る国債が少ない。出回る国債が少ないと、ちょっと影響が大きくなる。そういうふうな流動性と厚みがなくなってしまっている。投機資金としては、非常に有利な状況になっているわけですね。

金子　少しわかりにくいと思いますが、この状態で、マーケットで国債を半分以上買い続けてしまったために介入ができなくなってしまった。そこで、日銀が持っていた国債を金融機関に貸し、金融機関が外資系に転売するという形で、人為的な金融の金利コントロールをやっていたわけです。その状態のマーケットの危険なところを、今は突かれているわけです。この状況は非常に厳しいといわざるを得ない。ですから、短期国債に依存して２年債の金利がプラスになっていますけれど、２０２２年1月5日では1年債もプラスになってしまいました。

山田　短期債のほうが金利が安いから、そちらのほうを多く購入していた。

金子　前述しましたが、マイナス金利なので、国債を日銀が高く買っていたわけです。ですから、政府は利払いをしなくてよかった。ところがプラスになってしまうと、利払いをしなければいけなくなります。そうなると国債費がどんどん増えていきます。単純計算で考えると、０・５％では5兆円ですが、１％になると金利は10兆円です。５年で43兆円、年間で約８兆円強の防衛費などをはるかに上回るような国債利払い費が発生してしまうということになると思います。

山田　財政がどんどん苦しくなりますね。

金子　さらに、日銀は当座預金を大量に持っているわけです。金融緩和するときには、金融機関から国債を買って、そのお金が金融機関に流れるわけですが、銀行からの貸出先がない状態なので、お金が日銀の当座預金に預けっぱなしになっています。

山田　金融機関が持っている日銀の決済用の預金口座に、国債を売った代金がどんどん貯まってきているということですね。

金子　５００兆円ぐらい貯まってしまっています。

山田　それは大変じゃないですか。

金子　最初の基礎残高には0・1％の金利を与え、マクロ残高という0％と金利を付けない部分で当座預金を持っていましたが、金利が日本全体で上がっていったときに、当座預金の金利を上げなくていいのかという問題が発生します。

山田　預けている銀行にとってみれば、金利を上げてもらわないと、とてもじゃないけどやっていられないですね。

金子　金利が付かないお金を大量に日銀に預けっぱなしにしているということは、資金が遊んでいる状態です。日銀法には金融秩序を守るということがうたわれています。日銀は金融機関を潰してはいけないわけです。当座預金に金利をある程度与えないと金融機関はもたないので、当座預金の金利を上げると、今度はこれが日銀の赤字になるわけです。

山田　我々も銀行に預けている預金の金利はほとんどゼロですが、他の金利が上がってきたら銀行預金の金利も上げてもらわないとやっていられない。これと同じことが、金融機関と日銀との間でもあると……。

金子　大雑把すぎますが、500兆円ですから、1％の金利を出せば5兆円赤字が出るということです。そうなると、日銀の信用は相当地に落ちる状態になります。

では、当座預金の金利を上げないで、金融機関の負担を増やしてしまうと、金融機関は今、住宅ローンの金利を上げ始めましたが、他にもいろいろなところで金利を上げていかないと採算が取れなくなる。逆に当座預金の金利を上げないことによって、金融機関の金利上昇圧力を側面から与えるという結果をもたらしてしまいます。そうすると、今0・2〜0・3％くらい、大手金融機関が住宅ローンの金利を上げましたが、これもさらに上がっていき、景気悪化を加速させます。中小企業にもそれが及ぶと大変な事態に陥ります。帝国データバンクによれば18万社を超える企業が、事実上、事業収益で借金を返せない。ゾンビ企業化しているといっているのです。

山田　長期金利というのは、中小企業にとっても設備投資などで調達したい借り入れなどの金利ですから、そこの金利が上がってしまうとどうしても景気に水を差しますね。

金子　景況は相当厳しくなります。そのような状況なのに、2022年12月に16〜17兆円の国債を買い入れました。「このまま買い入れを続けるんですか」ということです。投機マネーの圧力が続き、さらにアメリカの利上げ、ECB（欧州中央銀行）の利上げが今後も続くとなると、日本でも2023年1月5日のような金利の上昇が再び起きて、ジリ貧に追い込まれていくのではないかと心配します。

山田　買い上げれば買い上げるほど、マーケットの国債が品薄になってくるから、そうするとまたさまざまな要素から金利の変動が激しくなってくる。

戦時財政化する日本

金子　そう考えると、現在の状態では、43兆円の防衛費の財源もかなり難しいのではないか。「戦時財政化し、末期症状の日本」として次ページに表にまとめてみましたが、日本国民は防衛費増額の財源として復興所得特別所得税を1％分流用するということにすごく抵抗していると思います。しかし、この1％は全体として見ると雀の涙です。

増税分としては、43兆円のうち、これまでの防衛費の5年分25・9兆円をのぞいた17兆円が新たに必要となります。そのうち防衛増税は2024年以降、1兆円×4年です。そうすると、残りの13兆円は結局国債で賄うことになります。防衛施設の建設国債を財源にすると、1・6兆円。あとの11・4兆円はどうなるのか。予算が決まっていません。その結果、このあとの大問題ですが、基金、防衛力強化資金をつくるとか、補正予算を組んで予備費を積み増しし、決算剰余金を捻出するなどして約10兆円をやり繰りしようということになるのではないか……（**表3**）。

山田　予備費を出すために国債を出すわけですから、結局は国債頼みですよね。

金子　その通りです。予備費が使途不明だからなんでもできるという前提になっているのですが、国債がそのような状態になったら、そもそも43兆円の財源をどうするのかといった問題が表出してきます。

山田　考えてみれば当たり前の話で、これまでゼロ金利でしたからまったく抑制も効かず、そもそも国債をたくさん買えば金利が上がるという話でした。それを今日まで日銀が買い続けてゼロ金利にし、ほとんど金利がない状態にして放漫財政を行っていたわけでしょう。それがいよいよできなくなる。当たり

表3　戦時財政化し、末期症状の日本

1．財源なき防衛費倍増：17兆円－増税１兆円×４年＝13兆円
●防衛施設＝建設国債：1.6兆円÷5＝0.3兆円
13兆円－1.6兆円＝約11.4兆円は？
●基金と予備費積み残しで決算剰余金と歳出改革を捻出？

2．予算の使い残し：2020年34.5兆円、21年28.7兆円
21年度の「決算剰余金」は1.4兆円

3．予備費12兆円の9割が使途不明：憲法違反

4．第2次補正予算29.6兆円のうち3割の8.5兆円、38事業を基金、予備費4兆円→国会のチェックが効かず

前といえば、当たり前の話なんですよね。

金子　ところが、最後の手段として財政投融資や特別会計があるだろうといった話もあります。財政投融資としては、道路公団や政策投資銀行、旧住宅金融公庫、国際協力銀行といったところに、菅義偉政権以降は多くの予算を積み増ししています。それが１００兆円ぐらいあります。それらとすり替えるなど、なにか手はあるのです。

山田　財政投融資や特別会計というのも一種の埋蔵金じゃないですが、へそくりですね。

金子　へそくりを使うといった形で切り抜ける可能性はなきにしもあらずです。しかし、それでも「増税を行わないで国債で全部やります」と表明をしたら、すごいことになるんだろうと思います。

山田　それを実行したら、いよいよ「日本は大丈夫なの？」という話になる。

金子　まさに投機マネーが足元を見る可能性があって、先ほどいった２つめの問題です。

山田　そのことはイギリスでトラス政権が減税を行い、国債を発行するなどと発言したら、マーケットから「なにをやっているんだ！」と非難を浴び大変なことになりました。

本質論をそらす姑息な世論誘導

金子　岸田さんはウソをつくのは平気な人のように見えます。「新しい資本主義」もウソだったし、新型コロナ対策四本柱もウソ。「所得税増税は防衛費のためにはやりません」などというし、ウソばかり。姑息な世論誘導としてなにか民主主義を守ったかのようなフリをして、売り言葉に買い言葉で「増税の前に総選挙をやります」といったような発言をしたりするわけです。

しかも、そもそも財源がありません。国債依存という事態を隠しています。それから安倍派に助け舟を出したわけです。旧統一教会問題でどうしようもなくなっている安倍派が増税反対派に看板をすげかえたりしています。

山田　安倍派が増税に反対しているという雰囲気になっています。

金子　結局、一番問わなければいけない「敵基地反撃能力とはなにか？」「なぜ43兆円なのか？」という本質的な議論をすべて増税か否かというところにすり替えてきたわけです。それで、売り言葉に買い言葉で選挙をやると。「選挙をやって問うのだから、これでみんな忘れてくれよ」というような議論をするのですが、おそらく２０２３年の秋まで私たちは誰も忘れないと思います。

山田　２０２３年秋というのは、秋に選挙があると想定してのことですね。

金子　選挙をやるかやらないか、あるいは増税する際にその手続きとして、選挙をやったうえで増税をやるという手続きをやるかやらないかも含めて、なにかの決断をしないといけなくなると思います。

山田　増税するとしたら、２０２４年から２０２５年あたりでしょう。その前に解散するのなら、増税はしなければいけないわけです。

金子　山田さんがおっしゃったように、どっちに転んでもうまくいかないと思います。まず、選挙をやらないで増税したら、国民からブーイングが出ます。「選挙をするといってたじゃないか」となりますから、余計状況はひどくなるでしょう。

選挙をして増税しないという選択もありますが、増税しない場合になにが起きるかというと、まさにイギリスのトラス政権ではないですが、今の国債の状況で「43兆円をすべて国債でまかなうゆとりがあるのか」という話になってしまいます。

山田　しかも、約束を破ってそういうことをするのは、ものすごくインパクトが大きい。

金子　そうすると、投機マネーに狙われてしまう隘路《あいろ》にはまってしまいます。

山田　自民党の中の安倍派と岸田派が、なんとなくお互いに意地を張り合っている。そこから出た言葉が、自分たちの首を絞める可能性があるということですね。

金子　一見、本質をそらすような形で進めていますが、「敵基地反撃能力とはなんなのか？」「43兆円には根拠があるのか？」といった本質論が逆に隠しきれなくなります。

山田　そうしておかしな事柄がたくさん現れると。そもそも、この大型予算とはなんだったのか、43兆円ってなんだという話に再び戻ってくる。

金子　話が蒸し返される可能性が十分あります。閣議決定で決めたからといって、本当の意味での国民の決定とはいえません。

山田　閣議決定なんて、勝手に行政の中だけの手続きの話で、国会でそんなことが決まっているわけでもなんでもないですからね。

金子　２０１５年の安倍さんのいわゆる集団的自衛権と同じです。「それで大丈夫だ」といった発想で進めていますが、そうはいかない。

山田　逆にいうと、いい機会ですね。本来はそれらをしっかり議論しなければいけませんが、なんとなくズルズルと時の勢いで引きずられていた。けれど、ちょっと待てよということになる。「そもそも、こうなった原因はどこにあったんだ?」というところに立ち返れば、今の自民党政権、安倍、菅、岸田の3代の首相がやってきた政治が、かなりいい加減だったことが表出します。

金子　表に出てきて、ごまかしてきたことがごまかしきれなくなる。ですから、「増税の前に総選挙をする」という発言を忘れてはいけません。彼のいろいろな議論は、すべてウソじゃないですか。2023年7月の毎日新聞の調査でも、岸田内閣の支持率が28%、不支持率65%。そういう本当の意味で国民に支持されていない政権の政策に、はたして正当性があるのか。臨時国会が終わったあと、いきなりこういうことをやったけれど、これは正しいのかといった問題が一気に噴出してくるので、増税前の総選挙が民主主義の手続きとして絶対に忘れてはいけないポイントだと思います。

山田　今まで、「政府が決めたことだから、僕たちがなにかいってもすぐにどうにかなるわけじゃないし、仕方がない。彼らが政権を持っているんだから……」とあきらめていました。しかし「そもそも、我々国民はそういうことを相談されていないぞ」という話になってきますよね。

114兆円（補正後139兆円）の予算は、43兆円の防衛費を支えられるのか？

金子　もう一つは、2023年度の114兆円の予算（その後、2度の補正予算で139兆円に膨張）に対して43兆円の防衛費というのが本当に保たれるのかという外的な環境変化の問題もあります。今後、まずは物価上昇が4％台に乗る可能性が高く、食品はすでに前年同月比で9％以上も価格高騰している（23年6月）。

こういう不況感が次第に漂ってきて、世界経済が悪化してくると、税収見込みもたぶん思っているほど伸びない。物価が上昇するので消費税はそこそこ増えますが、また円安で大企業の収益は伸びるとしても、通常の予算規模では法人税や所得税は伸びが鈍化するでしょう。そうするとやはり国債に依存しなければならない。

それに加えて、アメリカもECBも利上げをしています。そうすると、日本との金利差が拡大するので、先ほどいったように、投機マネーの国債売りか円安かのどちらかに向かって動くということは避けられないだろうと思います。それから、貿易赤字がどう見ても止まらない……。そのことで今、外貨準備をすり減らしているわけです。しかも、米中デカップリングで、お互いの経済は分断化状態にあるのに、双方の景気が悪化していく。

山田　アメリカの景気がよくないみたいですね。

金子　アメリカも中国も景気が悪いと、石油の値段が多少下がっても、輸出が全然伸びないので、ますます貿易赤字で景気が悪くなります。

山田　そして中国が昨今、新型コロナ以降状況が悪く、事実上マイナス成長じゃないかといわれるぐらい悪化しています。アメリカは現在、金利が上がってきていますから、このままだと2023年中に2四半期連続の景気後退が起きるのではないかと……。

金子　世界中に危険信号がともっています。

山田　そうなると、日本だけが必ず景気がよくなるというわけにはいかないですね。

金子　日本は自動車一本足打法といわれていますが、これだけ円安なのに、すでに自動車の輸出の伸びはあまり大きくない。

山田　2022年、トヨタグループが世界でトップになりましたが、2023年もそれが続くという保証はないですよね。

金子　ないです。しかも、電気自動車化（EV化）と自動運転技術で明らかに他の自動車メーカーに敗北しています。市場に大きな変化が起きています。このようなときは、50年周期のコンドラチェフの波がきますから、大きな技術転換、産業構造の転換が起きるといわれています。ウクライナ戦争の影響もあるかと思いますが、戦争が終わったからといって、転換の波に遅れてしまうと貿易赤字が回復できない可能性も考えられる。

山田　日本にいると、電気自動車があまり走っていないからピンときませんが、海外に行けば電気自動車は大変多く売れているし、世界で今売れている自動車といったら電気自動車ですよね。一番売っているのはテスラ、二番目が中国のＢＹＤ。「そんなの知らないメーカーだよ」といっても、彼らは今後日本に売りにくるわけです。

金子　２０２１年のある調査では、三番目は中国の小型の電気自動車メーカー。それからＧＭ、ＶＷグループがベスト10にランクインしています。

山田　トヨタは韓国のヒュンダイ（現在の呼称はヒョンデ）よりも下位ですね……。トヨタのＥＶをみんなほとんど知らないですよね。

金子　もう一つ、富士経済というシンクタンクが出しているデータを見ると、２０２０年の段階で、ハイブリッド車とＥＶがほぼ匹敵する規模になっています。その予測では２０３５年にＥＵもアメリカも中国もガソリン車の販売が禁止ですから、ＥＶが１０００

万台ぐらいハイブリッド車を上回るだろうという状態になっています。

山田　トヨタはハイブリッドで結構成功して伸ばしたけれど、ハイブリッドは電気自動車とはみなされないから、やはり次第に衰退していくわけですよね。その波に乗っていると、日本全体も危ないということになる。

金子　このままだと、発展途上国や日本の自動車メーカーは電気自動車のインフラが整っていないところで生きていくしかなくなるかもしれない。トヨタは、現在のスズキ自動車と同じような地位になっていくのではないかと心配になってしまいます。

カタストロフを脱するプランBが必要

山田　しかし、自動車産業が衰退すると、日本はなにをしてお金を稼ぐのか。日本全体の主力産業がなくなってしまいます。

金子　主力産業がなくなり、貿易赤字が悪化するだけではなく、バブルが崩壊する可能性も高くなります。アメリカの場合、中西部や南部は住宅バブルが崩壊しかけていますが、この先もしも東西の大都市圏までバブルが崩壊してしまうと、経常収支が赤字になることもあり得ます。２０２３年に入って住宅指数はやや持ち直していますが、バブル崩壊となれば、アメリカも本当に財政赤字がもちこたえられるかどうかといった状態になるでしょう。

冒頭でも何度かいっていますが、問題は岸田政権、自民党あるいは一部の野党もそうですが、今起きている危機に対応できる経済政策を検討していないということです。プランＢの考え方を基本的に持っていません。私は、カタストロフを脱するプランＢが必要だと思っています（**表4**）。そのうえで金融政策の柔軟性が漸進的に日本の経済を回復させるのではないでしょうか。

山田　柔軟性というと、日銀が自分のところで金

表4　カタストロフを脱するプランB

1. **金融政策の柔軟性の漸進的な回復**
   国債価格暴落時には安倍・黒田勘定を設置
2. **国際常識の物価対策を**
   ●トリガー条項の凍結解除
   ●公取委の機能回復と超過利潤課税
3. **貿易赤字の縮小：エネルギーと食料の自給**
4. **日本版オリガルヒの解体を**
   →対外ショックに強い地域分散ネットワーク型
5. **縁故主義の克服と公正なルールの再建**
   →大学研究所の再建と科学技術政策の再建など

利を決めるような統制をやめて、ある意味でマーケットと対話しながらやっていくということですね。

金子　前述のように、国債費が伸びて日銀の国債の含み損が出て景気が悪くなった場合、国債管理の備えを持っていないと危ない状況に陥ります。そのときは「安倍・黒田勘定」という別勘定を設ける。日銀が持っている国債は借り換えができませんが、結局、暴落が起きないために安倍・黒田勘定という別勘定にして凍結してしまうやり方で対応する。方法はこれしかないんだとして、安倍・黒田勘定を１００年かけて返していく。

山田　倒産企業がよくやる手ですよね。

金子　倒産企業が資産管理会社のような存在になり、そこに不良債権を全部預けて負債を長期で返していく。それと同じようなやり方です。ただそうすると、残念ですが拡張的な財政政策は組めません。それを組むと、結局、紙幣の乱発になります。別勘定にするというのは最後の手段ということになります。

山田　ですから、いやでも緊縮財政というか、かなり不自由な思いをすることにはなります。もっともそれはいやだといったところで、非常にひどい暴政を続けてきた結果、そうならざるを得ないということですね。

金子　そうですね。それからもう一つの問題の解決をしなければなりません。現在の物価対策の中にガソリン補助金や電気の補助金があります。あれは、国が補助金で企業の価格変動リスクをすべて保証してしまうので結局、独占企業への過剰な支援になって、市場に対してまったく効果がありません。一部の企業がボロ儲けしているだけです。このことは公正取引委員会できちんと独占を規制し、企業努力をさせて消費者に還元させるほうがいい。物価上昇を止めるための価格の上限規制のようなことをする必要もあると思います。

山田　ガソリンの元売りにしても、電気にしても、独占ではないものの寡占で、お互い村の秩序の中で自分たちが儲かるような構図になっています。本当の競争をしていない。

金子　ドイツなどはエネルギー価格の上限を決めて、エネルギー企業に超過利潤課税を課しています。日本とは逆です。企業に補助金を出すということはない。

山田　日本のやり方は物価の上昇を保証しているようなものですからね。

金子　企業に出すその財源で、直接、消費者の利益になるような補助金を出す。そのようなやり方が必要です。バイデン政権にしても、エネルギー独占企業に対する課税問題が出ています。日本は問題の立て方がまったく間違っていると思います。

それから、貿易赤字を縮小するために、先端的な産業をつくって輸出で稼ぎ、そのお金で安いエネルギーや食料はいくらでも買えますという加工貿易の考え方は、もう成り立ちません。ですから、基本的にエネルギーと食料の自給を考え、地方経済を強化するような政策に転換していかないといけない。

電力やガスについては、私は日本型オリガルヒ（ロシアの新興財閥）と呼んでいますが、このような巨大な独占企業で、政権政党と近い関係にある企業は徹底的に解体、改革しなければいけない。例えば、電力は発電と送配電を所有権分離する。発電と送電を完全に分離して、発電したものはいったん全部を送電会社が買い、それをすべて平等に販売していかなければいけない。現在、再生可能エネルギーの新電力潰しがすごいわけですが、この点をなんとかしなければいけません。

それから、安倍さんの森友学園、加計学園、桜を見る会などの問題です。縁故主義がひどすぎます。このことが公正なルールを壊しているので、大学や研究所、あるいは科学技術の再建にとっての妨げになっている。一部の政権政党が中心になり、覚えめでたい人たちがせっせと資金を得ています。現在も日本学術会議を解体しようとしていますが、このような仕組みづくりをする限り、競争力はどんどん落ちていくでしょう。

山田　たしかに科学技術は予算が必要ですし、いろいろな形で研究開発費をつけていくのは大事だと思います。しかし、現在のように自分の知り合いのところにだけ厚く予算を配分するような、アンフェアなやり方では状況は悪くなるばかりですね。

金子 そうです。ですから、もう一度きちんとした改革が必要だと思います。電力会社の解体は必須ですし、それから農業も国際基準の所得補償をしたうえでスマート農業化する。現在も大手メーカーがスマート農業をやると農業機械と全部がセット販売で、ものすごくコストが高くなってしまいます。各地方で小さい情報通信会社をつくりながら、きめ細かいスマート農業化をやっていくという方法がいいと思います。

それから、ここのところ新電力潰しをやっていますので、各地域できめ細かい電力の自給目標、食料の自給目標みたいなものを策定する。公共施設は100%再生エネルギーで運営する。企業や団体、例えば生活協同組合や農協といったところは100%自給するといった丁寧なやり方をして、人間の基本的なニーズを満たしていく。そうしてエネルギーや食、あるいは医療と福祉を各地域単位で充実させていくべきです。

こういう中で、最も不利な人々の生活を最低限保証する。財政の中でも多様性を保証し、最低限の保障を行い、大学などにイノベーションを引き起こしながら、福祉国家を同時に実行するという新しいビジョンを立てていくことが必要だということをあえて強調したい。

山田　多くの人がそのようなものを必要だと思っているのではないでしょうか。ただ、そうはいっても、実際、金子さんがいわれるオリガルヒではないですが、一部の政治家とかなり親しい関係にあるような企業グループが中心になってがっちり力を握っていると、実現するのはなかなか難しいかもしれません。

とはいえ、現在のような危機が訪れ、「どうも我々のやってきたことにはいろいろと問題がある」ということになれば、それに代わることをやろうという機運が出てくる可能性もある。危機というのはいやなことですが、それをある程度能動的にとらえ、日本の改革に結びつける。それは中央集権ではなく一種の分権で、地方でお金を回していくことですし、小さな組織同士がきちんとお互いに連携して運営していくという、地方自治体の本当の政治が必要ではないかと思います。

金子　そうです。この章の最後に一言だけ付け加えると、「新しい戦前」みたいなものが始まっているのではないかという警鐘を鳴らす人が出てきています。戦前もそうですが、一部の大手企業、財閥企業を軸にして軍事化が進み、その中で利益を回していくような経済政策をやっている限り、我々が目指す新しい社会、あるいは新しい経済は生まれてこないと思います。

今起きているのは財政や金融の破綻だけではなく、もしかすると、戦後の自民党政治が目指してきた経済政策で、利益集団を中央につくってきた手法が完全に行き詰まり、カタストロフを導いているのではないか……。ですから、もっと深い意味でカタストロフをとらえ切り、なにが起きているのかをもう一度深く考え直す必要があるというのが、私が現在持っている問題意識です。

第2章

「新しい戦前」が来る！

～目前に迫るカタストロフに備えよ

民主主義の手続きの徹底的な無視が行われている

山田　「新しい戦前が来る」。この章では、カタストロフに備えようということで、金子さんの忌憚のない考えをうかがいたいと思います。前章は、主に経済問題で破局が訪れるのではないかという話でした。2022年の年末から23年の年始にかけて国債市場がいろいろ荒れてきて、ついに国債金利が0・5％に跳ね上がりました。そういうことを皮切りに、2023年は相当いろいろな混乱が予想されるのではないかと思います。

金子　そうです。この章では、政治経済学的なことにもテーマを広げ、日本の政治や社会も含めて、いろいろな意味でカタストロフが起きようとしているのではないか……。そこに焦点を当ててみたいと思います。

山田　現状を理解するためには、戦後にどういうことがあったのか、そしてここに立ち至ったのはなぜなのかということを加味しながら、この破局論を考えてみたいということですね。

金子　まず、産業としてはエネルギー産業です。原発の60年超え稼働も含めて、あるいは石油元売り会社への補助金や電力会社への補助金が、やはりエネルギー産業が支配のコアになって、それが全体の衰退を招いていくという部分も少し触れながら、政治経済学的な話をしようと思います。

まず、感覚マヒが起きてしまっています。というのは、安倍政権のときにデタラメが続いていたので、岸田さんがやっていることがいかに民主主義の歴史の中で異常なことか、漠然とは思っていても、それがどういう意味を持っているのかということをきちんと指摘しない点が問題ではないかと思います。

山田　要するに、安倍政治の８年間を含めたこれまでの10年間で、世の中の常識、よいことと悪いことの判断基準が混乱してしまったところがあります。なんとなく、「それに比べればまだいい」、「まだ足りない」という話に見えてしまいますが、岸田さんがやっていることもきちんとそれなりの尺度で測ったらどうなのか、ということを考えなければいけないということですね。

金子　日本経済の仕組みが終わると同時に、自民党の戦後政治も終わります。そういう意味で終焉を迎えつつある現象を、きちんとした冷徹な目で見ていると、なにが終わろうとしているか。戦後の処理、いわゆる戦争責任のあり方を含め、ドイツとあまりに対照的な、日本の無残な姿がいったいどこから来たのか。この点を正確に分析し、それを覆していくことを試みないといけません。

そう考えると、２０２３年7月の毎日新聞の調査では、岸田内閣の支持率28％、不支持率65％、他の新聞各紙でも支持率30％台、不支持率50％台という数字が並んでいます。こういう支持率の低い政権が重大な政策転換を行っていますが、はたして国民が支持した政策といえるのかという、ごく当たり前の問いをしなければいけません。

山田　こういう政権でも、きちんと国会に諮《はか》って議論するのであれば別ですが、政権の中だけ、官邸の周辺で事を決めてしまうというのは問題です。

金子　おっしゃる通り、民主主義の手続きの徹底的な無視が行われています。増税に関して、選挙の公約もない。あるいは臨時国会が終わったとたんに、忖度の御用達を集めた政府の会議で、防衛費倍増や原発の60年超え稼働を勝手に決めてしまう。これは、政策手続きに正当性があるのかという問題を突きつけているわけです。

山田　重要な問題なのにこんな決め方をされたら、本来なら国民は怒らなければいけないはずです。ところが、今の政治はめちゃくちゃなことをしているので、別にそれがおかしいことだと思わない感じになっています。しかし、よく考えてみると、きちんとした議論を尽くしているのか、国民が納得する説明をしているのか、丁寧に民意を聞いているのかといった話がまったく聞こえてきません。

金子　そうです。しかも、旧統一教会の問題をきちんと解決しないまま、外国のカルト宗教集団との関係も不問に付したまま、国防や原発政策、改憲などを次々と決めてしまうということに関しては、「政治的にこれでいいのか？」と思います。

特にこれはひどいと思うのは、週刊誌報道などを見ていると、実は旧統一協会は北朝鮮との関係があって、５０００億円ほどのお金を貢いでいるのではないかという話まで出てきます。そうすると今、北朝鮮とロシアがミサイル技術を共有して一体化しようとしているわけです。にもかかわらず、旧統一教会の影響を受けている自民党が、「北朝鮮のミサイルに対して防衛をしましょう」というような話になって防衛費の増強を行うなど、政策決定の根本部分が揺らいでしまっている気がします。まるでマッチポンプのような関係ととられかねません。

旧統一協会と政策協定を結んだり、推薦状を受領していたことがどのように影響しているのか、あるいは細田（博之）さんや萩生田さんが旧統一協会との関係をきちん弁明していないことを放置して政策をどんどん進めていることは、正常な政策決定とはいえないのではないかと思います。

山田　旧統一教会の問題でやはりおかしいと思うのは、日本人は非常に苦しめられて、お金を吸い上げられたわけです。そのお金が韓国に渡って旧統一協会の活動費になり、ある部分はアメリカに流れ、またある部分は北朝鮮に流れて、北朝鮮はそのお金でミサイルをつくったり核武装したりしている。その一方、今度は日本で防衛費を増強しようという話になってしまう。なにか話がややこしいんだけど、実はうまくつながっているのかと思いたくなります。

金子　そういうことをいえば、サハリン1、2（日本の政府や企業が関わるロシア樺太の石油・天然ガス開発事業）はともかく、北極海の天然ガスを中国に送るアーク2のように一見、日本のエネルギーとは関係がないようなプロジェクトにお金を出して、そのお金がロシアのミサイルの開発に流用され、ミサイルが北朝鮮に流れている。

どこまで因果連関があるかは別にして、国民が「なんだこれは？」という話を誤解のないようにさせるには、きちんと問題を整理して政策決定の透明性を打ち出さないといけないと思います。「国防にカルト宗教集団が関わってくるというのはいかがなものか」と憂いてしまいます。

第二次世界大戦前と似た雰囲気が漂っている

山田　よく政党のガバナンスといわれますが、真っ当な政党が機能しているのかどうか。そこに少し疑義が生じています。

金子　悪いことをしている連中は、悪いことをしていること、もうこのままを維持できないことがよくわかっています。ですから、強行突破を図るしかなくなっているのです。私は、これが今の状態だと思っています。

山田　たしかに、本当に敵基地攻撃能力が必要であり、それが抑止力になると思っているのであれば、堂々と説明できるはずです。しかし、身内の有識者だけで話を決めてしまい、あとは財源問題に切り替えてそもそも議論をさせないのは、いかがわしさがあるから急いでやっているような感じがします。

金子　国会が終わったとたん、そういうことを平気でやる。メディアの一部にいたっては、それが当たり前であるかのように書いてしまっています。これはもう戦前のメディアと同じです。それに、官僚がいろいろな意味で忖度をして公文書の改ざんをしている。そのような唯々諾々の人しか、出世できなくなっています。さらに、日本学術会議への介入は依然として続いていて、政府を批判できる学会を解体しようとしています。まさに、戦前とそっくりの状況といってもいいでしょう。

敵基地攻撃能力の抑制効果も、言葉の定義がしっかりとしていません。もともと、戦略核兵器は人工衛星が互いに監視し合い、核弾頭を付けて燃料を注入したら先制攻撃をすることが互いにわかっているので、戦略核兵器は保有していても使えなくなっています。

ところが、戦術核あるいは大量破壊兵器で普通に撃つような通常兵器は、いつ使われるかわかりません。そうすると、少なくとも敵基地攻撃能力を目的に、遠距離のミサイルを保有するのであれば、運用ルールを厳格に決めなければならないわけです。

山田　どういう状況になったら、攻撃していいのかということですね。

金子　事実上の先制攻撃と平気でいったりするので、そうすると泥沼の紛争、戦争になってしまいます。そういう意味では、きちんとした民主主義的な手続きに基づいて、なにをどこまで使っていいのかを考えなければいけません。

山田　その議論をしてしまうと非常に曖昧で根拠を失うので、議論をさせない。ともかく相手が攻撃しそうになったら、こちらも対応できる力を持っていれば相手は動かないという希望的観測の寄せ集めのような形で「抑止力」が使われています。

金子　集団的自衛権もそうですが、いったん決めてしまえば、あとはなれ合いで進んでいってしまうでしょう。すべてが曖昧なままなので、失敗したとしても、誰も責任が問われない。問題とすべきなのは、金融危機や原発のこともそうですが、日本社会は経営者も役所も政治家も誰も責任を問われない、リーダーたちの責任を問えないような無責任体制です。結局、最後に責任を問われるのがいやなのですよ。

そうすると、例えば経済政策についてもこのままいったら破綻していくわけです。破綻してカタストロフになったら、すべてをなかったことにする。そういう誘引、インセンティブが働いてくる可能性があります。戦前も結局のところ、金本位制に復帰して失敗し、それで満州事変などに引き込まれていきました。たしかに、財界の首脳はテロの対象になりましたが、戦争協力して突っ込んでいってしまいました。それで戦後、財閥解体の対象になってしまった。

それと同じことで、運用ルールがなければ責任を取りたくない人はそういう誘惑にかられるわけです。「狼が来る」というような話かもしれませんが、いつでもできますという体制ができてしまうわけです。つまり、ノンチェックのまま、我々がそういう状態を放置してしまったのです。そうなってくると、例えば満洲事変のきっかけとなった張作霖の爆殺事件、あるいは柳条湖の線路の爆破事件など、でっち上げればなんでもできるわけです。今の自民党は、いろいろな経済政策で全面的に失敗し続けています。それを全部なかったことにしたいと思ったら、なにかをやりかねないというのが現状でしょう。

山田 つまり、失敗を認めずに問題をすり替えてしまうということですか？ たしかに、なんの運用ルールもなく、とんでもないことが平気で行われている。まさに、第二次世界大戦前はそのような感じで、戦争に突入していったのではなかったでしょうか。

金子 ですから、「新しい戦前」というネーミングが登場して、「なんとなく、似た雰囲気が来ている」という感覚に襲われているのだと思います。

ドイツと違い、戦後の選択を根本から誤った日本

山田 どうして、そうなってきたのでしょう。

金子 やはり、戦後の出発点、自民党の本性のようなものが表に出てきてしまったのでは

ないでしょうか。

山田 戦争責任をはっきりさせないまま、新しい冷戦構造に入ってしまったというところがありましたね。

金子 それで、経済が衰退し始めたら、安倍さんがアベノミクスといいながら、同時に歴史修正主義を前面に掲げるようになってきて、「戦争責任はなにもなかった。悪いのは、中国や韓国や北朝鮮である」といった話に変えていきました。

山田 安倍さんというと、アベノミクスなどが注目されがちですが、同時にイデオロギー的には歴史修正主義で、戦前的なものを蘇らせようとするベクトルが働いていました。それが、安倍政権８年の中で、韓国や中国を見下すような、敵視するような雰囲気が高まってきたことと関係があるのでしょうか。

金子 やはり、日本とドイツの違いがあまりに対照的なのではないでしょうか。自民党は、戦争責任を曖昧にして、改憲を政治目標にしてきました。それで、中国、韓国への敵視で歴史修正主義を行いながら、結局、責任を取らないという、丸山眞男（政治学者）がいっている「無責任の体系」のようなものを戦後も引き継いでしまいます。安倍さんはその権化のような人で、民主党政権にひっくり返されたあとに、自民党の失敗をカバーするため、政権交代の責任に全部頰かぶりして、そちらへ向かっていこうとした。

この間の経済の衰退は、1997年の金融危機以降のことです。経営者は誰も責任を取らない。公的資金を投入するのなら、きちんと責任を取って手術をしなければいけないのに、そういうことをせず、財政、金融でダラダラと救済する。あるいは、原発事故が起きても誰も経営責任を取らずに、結果的に原発再稼働へと進もうとしています。

山田　原発は、わかりやすいです。福島の事故がどうして起こったのかをきちんと議論しなかった。報告書は数多く出されましたが、本当の意味での責任は取っていない。それで、知らない間に原発再稼働が始まり、新しい原発を増設しようとしています。これは、本当に戦争責任が曖昧にされたことと似ています。

金子　日本の戦争は、兵隊はよく頑張るけれど、作戦を立てている将校たちは無能で、真っ先に逃げてしまう。同じようなことが、今起きてしまっているわけですね。

結局、原発路線は失敗していますが、みんな逃げてしまって事故の責任から頰かぶりしていく……。ミッドウェー海戦で戦力が全部失われても敗北を認めず、最終的に原爆を2個落とされるまで日本は負けを認めなかった。インパール作戦のように、戻れる可能性もない形でビルマ戦線に進んでいく。「いつか来た道」に似た方向へ向かっているのではないでしょうか。

ドイツは徹底的に戦争責任を取りました。近隣諸国とＥＵの共同体を作り、イラク戦争でもアメリカに対してノーというし、今のように原発が武力攻撃の対象になる中で、再生エネルギーを環境保護だけではなく、非戦のエネルギーとして頑張っている。それと比べて、日本はまったく対照的です。

山田　そうですね。その根本にあるのは、戦争責任の曖昧化です。ここから、さまざまなことが始まっています。

金子　私たちは、戦後の選択から根本的に間違っていたのではないでしょうか。それを今、反省しなければいけません。そうしないと、カタストロフから本気で抜け出すことができないという問題意識をずっと持っています。

結局、安倍さんはアベノミクスでトランプ前大統領やプーチン大統領と仲良しになって、そのプーチンがオリガルヒという新興財閥を中心とした経済をつくって、自分の周辺でお金をグルグル回し、経済力はどんどん落ちていくけれど軍備だけを強化していく。それと似たような経済政策を追求しているのが、防衛費の倍増であり、原発60年稼働ということではないかと強く感じています。

山田　最近は、エネルギーを転換するということまで逆手にとって、それで原発を推進しようとするまったく違う方向に舵を切っている気がします。

金子　結局は安倍さんと同じで、岸田さんが安倍さんのあとを継いだ「3代目」の政治家であったという感じです。「私は、戦後の積み残された課題に答えを出した」ということでしょう。

山田　岸田さんは2023年の年頭所感で、「積み残してきた『先送りできない問題』に立ち向かう」と述べました。その問題とはなにかというと、結局、防衛力の増強と原発再稼働ではないですか。

金子　宏池会（岸田派）も結局そうなってしまい、岸田さんは自民党の党是である憲法改正や戦争責任の放棄という方向を選んでしまったのではないでしょうか。

国民が岸田さんに対してあらぬ幻想を抱いたのは、池田勇人元首相のような経済政策路線、平和主義でいくと思って期待したからでしょう。しかし、自民党自体、あるいは岸田さんの宏池会にそういう余力がなく、自民党の本質が丸出しになってしまいました。いよいよ、失敗の本質が進行しています。今、そこを問い直していくことが、とても重要になっています。

そうでないと、財政金融が破壊され、貿易もどんどんダメになっていくだけです。我々はなにを選ぼうとしているかを明確にして、もう1回新しい日本をつくらなければならない。新しい戦前ではない、新しい日本をつくろうとするなら、なにを拒否して、なにを新しい方向へ進めていくのか。それらを突き詰めるうえで、ドイツと日本の分かれ道はなんであったのかを考えていくことがヒントになるのではないかというのが私の考えです。

エネルギー産業の転換を妨げる日本版オリガルヒ

山田　どこから考えていけばいいのでしょうか。

金子　前章で、自動運転や電気自動車、あるいは財政金融について述べましたが、まずはやはりエネルギー産業の問題が挙げられます。原子力発電関連の集団、いわゆる「原子力村」は、原発事故隠し、トラブル隠し、あるいは公文書改ざんも当たり前でした。それが原形になっていろいろな問題が噴出し、原子力村が復活していくプロセスの中に、なんとなく戦前と似たようなもの、あるいは日本版オリガルヒ経済のようなものが復活してきたのだと思います。

では、原子力発電関連の予算も含めて安倍さんがやってきた政策、あるいは岸田さんが踏襲している政策がいったいなんだったのかということをもう一度考えてみましょう。

前章で日本版オリガルヒの問題を取り上げました。本家のプーチンは化石燃料を財源にしましたが、日本は化石燃料に乏しいので、アベノミクスで財政赤字をばらまきました。それで国民を茹でガエル（危険が迫っているにもかかわらず、変化が緩やかなため気づかず、気づいたときには手遅れになっている状態）にして株を買って経営者をマヒさせた。縁故主義を蔓延させ、メディアを抑圧したり官僚制を壊したりしながら、２０１５年前後に天下りが完全に復活しました。また、経団連企業のような古い産業がグルグルと利益を回していくことになった。

こうしてある種の非民主主義的な体制をつくり、巨大なプロジェクトに邁進していった結果、軍事化を推進し縁故主義をさらに蔓延させて、産業の衰退をどんどん加速させてしまったのです。

山田　本当におっしゃる通りです。だから、失敗を隠して反省がない。どうしてその失敗が起きたのかということを曖昧にする。そういうことが、今ものすごく多いですが、一番わかりやすい例が原発だったと思います。

金子　その通りだと思います。

山田　先ほど金子さんがいわれたように、いろいろな形で原発の事故やトラブル、ズルやインチキが行われて、個別には指摘されていますが、本当の反省がないまま伏せられていている。行き着いた先が福島の原発事故でした。

金子　新エネルギーへの転換の必要性まで隠しています。再生可能エネルギーや新電力をどんどん潰していく一方で、新しい方向へ産業構造を変えなければいけないのに、私が日本版オリガルヒと呼ぶ一部の独占的な大手企業の取り巻きをつくって、その中で利益をグルグル循環させる。結局、日本の産業がうまくいかない中で、防衛費や原発などに依存して一部の人だけが利益を得て多くの国民はいっそう貧しくなる。そういう動きがさらに加速していくのではないかと思っています。

山田　たしかに、エネルギー産業というのは国の根幹です。そうした重要な業界がきちんとした反省をしないまま、エネルギー革命という、何百年に1回という大きな転機に直面しているわけです。この転換を間違えてはいけないのですが、こんな状態の業界に任せていたら、本当に日本がエネルギー転換することができるのか、非常に疑問です。

金子　前章で「114兆円の大型予算（補正後は139兆円）はもうもたないのではないか」と述べました。その政策の中身も、結局はガソリン補助金（燃料油価格激変緩和補助金）や電気補助金です。これはすなわち原発の60年超の運転、あるいは原発新設という政策を裏付けています。

山田　ですから、エネルギー産業に携わる人たちが、原発の事故につながった自分たちの構造的な問題点をきちんと反省していないわけですね。

金子　反省していないので、ますますひどいことになります。

石油元売りに利益を保証するためのエネルギー補助金

山田　エネルギー補助金については、これだけ物価が上がって大変なのはわかりますが、石油元売り企業に兆単位の補助金が流れているのではないかと思います。本当にこういうやり方がこれから日本のエネルギー産業を育てていくのに必要なのでしょうか。

金子　メディアが十分に批判していないのですが、石油の値段が上がると在庫評価益が出ます。例えば、１バレル60円で仕入れて80円で売ると、20円の差益が出るわけです。これが在庫の評価益ということです。これを１００％保証しています。つまり、在庫評価益には手をつけないで、値上がりした分だけ補助金を出すというやり方です。

山田　値上がりの分だけ補助金を出すということは、石油元売りが平気で値上げができるということですね。もし補助金が出なければ、値上がりして国民は困り、消費量が落ちるわけじゃないですか。そうすると、石油元売りはなかなか値上げができないはずです。

金子　企業間で競争をしていれば、在庫の評価益も削って消費者に還元するわけです。それが、全然できていない。他方、中小企業は市場の圧力でエネルギー価格上昇を消費者に転嫁できずにいます。

山田　エネルギー補助金は結局、石油元売り企業に利益を保証するための制度のようになっているということですね。

金子　理屈としては、石油備蓄法で70日間、石油を備蓄しなければいけないので、その備蓄で負担があるだろうという形で保証しています。石油の値段が落ちたときは、在庫評価益が評価損になるわけですが、それは税金上、減損処理しています。

しかし、値段が上がっているときに、国が補助金を出して在庫評価益を１００％保証するのはおかしな話です。莫大な利益を上げていますが、本来なら市場で競争させて消費者に還元させるのが普通です。ところが今、石油元売り業界は寡占状態になってしまっています。ガリバーのエネオスを筆頭に、３社の寡占体制になっているわけです。

山田　いつの間にか業界再編されてしまって、３社しかありません。

金子　競争がないので、在庫評価益を１００％保証してしまえば、いくらでも丸儲けできるという状態になります。

山田　ですから結局、ものすごいお金、いってみれば国債でお金を集めて、それを石油業界にばらまいただけでしょう。彼らは安心して値上げができる。値上げ分は財政で保証されているわけですから。

金子　石油連盟や全国石油協会などへの天下りはあるし、石油連盟は自民党に５０００万円の献金をしています。電気業界も同じような構図です。

山田　誰を見て行政をやっているのか。「これは物価対策である」といわれていますが、物価対策といいながら実際には業界の利益のためであるということですね。

金子　業界の独占的利益を保証しているわけです。こういうことは、国際常識に反しています。それから、中部電力、関西電力、中国電力、九州電力などがお互いにカルテルを結んで事業向けの新電力、新しく設立した新電力の締め出しを図ろうと、営業エリアでお互いに顧客を奪わない、市場競争はしませんと申し合わせをしました。これに対して、２０２２年11月に、公正取引委員会は１０００億円の課徴金を命じています。カルテル、つまり今の電力会社の独占をいかに保持するかという政策を行っていることに、公正取引委員会もさすがにメスを入れざるを得なくなっているわけです。

山田　これはひどい話です。電力会社は地域独占でしたが、相互乗り入れをすることによって競争して価格を下げろという政策でした。しかし、それをやると儲からないので、カルテルを結んだわけでしょう。カルテルを結ぼうといい出したのは、実は関西電力だったのに、その関西電力は告げ口をして救われ、一緒にやっていた中部電力や中国電力が大きな課徴金を取られてしまった。

再生可能エネルギーにシフトする世界的な流れに逆行する日本

金子　電力会社でもっとひどいのは値上げです。規制料金の部分は40％、50％と価格を上げていますが、例えば九州電力は原発をフル稼働するから消費者向けは値上げしないといい、関西電力は原発の再稼働をして、原発が安いエネルギーであるかのような誤解を与える印象操作をしています。

山田 ですから、これは業界と政府が結託して、国民に「これから原発が大事なんです」というためのキャンペーンですね。

金子 世界的にいえば、原発は明らかに再生可能エネルギーよりもはるかにコストが高いにもかかわらず、です。

山田 これこそ、福島での事故やこれまでの原子力村の体質がどうだったのかということを検証し、反省して、その責任を取ればこんなことにはならなかった。責任体制を曖昧にしたがゆえに、こういうことがさらにひどい形でまかり通ってしまいました。

金子 しかも、60年超の原発だけではなくて、原発新設まで入っているわけです。建設費は約1兆円です。彼らのいい分でも、建設期間は8年もかかります。ウクライナの戦争とまったく関係ないではありませんか。

山田 戦争責任を曖昧にしたように、原発事故の責任をはっきりさせず、誰にも責任を取らせないという無責任体制がますます行政と産業を悪くしていきます。その典型が電力業界にあって、しかもその業界が、エネルギー転換という歴史的に重要なことに関わっています。これは、日本にとって大変なことです。「そんな業界に、重要なことを任せていいのか」という話です。

金子　この問題の本質を考えてみると、結局、東京電力はもう破綻しているも同然です。10兆円のいわゆる事故処理費用が22〜23兆円に膨らみ、膨らんだ分は税金で賄って14兆円だけ負担することになっていますが、その14兆円も絶対に返済できないでしょう。実質的に破綻している会社が、資本主義で生き残っているわけです。しかも、すでに10・５兆円の賠償費用を支払っていますが、裁判で次々に負けているので、さらに賠償費用が増えています。さらに苦しくなり、しかも小売部門は赤字だらけになっています。

山田　結局、東京電力に責任を取らせていないので、変な形で解散させてしまうと、経産省がもろに責任をかぶってしまいます。いってみれば、時間稼ぎをしているわけです。これは、政府と電力業界がなれ合いでやっていることの証でしょう。生かしてしまっているから、さらに問題が複雑化してきている。こういう形で、エネルギー行政が進んでいっていいのでしょうか。

金子　その通りだと思います。東芝もそうです。結局、彼らの失敗ですね。はっきりいうと、安倍さんの筆頭秘書官だった今井尚哉《たかや》氏と、岸田さんの政務秘書官で経産省の事務次官だった嶋田隆氏、官邸の真ん中を握っていた経産省官僚が責任を問われないまま、こういう形で時代錯誤の原発推進政策を続けてきた結果、東芝などがファンドにもてあそばれる状態になってしまっているわけです。

ですから、事故原発の柏崎刈羽を再稼働しようとしたり、80万、90万人の周辺住民がいるのに東海第二原発の再稼働を狙っている。規制庁の長官が経産省出身でレフェリーとプレイヤーが同じになってしまっているなど、戦争中のようなでたらめの状況になっています。それが、今の原発60年超の運転であり、原発新設ということです。

世界では、ドイツやオランダ、デンマークが次々と再生エネルギーに転換し、アメリカや中国もそういう方向へ進んでいます。そうした中、日本だけが取り残されて、再生可能エネルギーと新電力を潰しにかかっているわけです。

山田　どんどん悪い方向に行ってしまっているということですね。

金子　そうです。新電力潰しの中身を詳しく説明することは控えますが、接続を拒否したり、事故処理費用を新電力に乗せたり、地元の大手電力会社がいろいろな形で新電力を取り除こうとしています。ユーザーの相対取引の分だけ全部確保してしまって余剰電力だけを出すから、スポット市場、卸売電力市場がすごく高騰して新電力会社が経営困難になるなど、本当に不十分な発送電、発販分離がいっそう、新電力潰しを加速させたわけです。

山田　世界を見れば再生可能エネルギーの方向に舵を切っているのは明白なのに、日本は結局、昔からの電力業界を守るために、再生可能エネルギーが活躍できないような方向に行っています。時代と逆行しているということです。

金子　戦時中と似ていて、防衛費もそうでしょう。一部を国有化しよう、電力会社の独占を守ろうなど、こういう一定の中心的な既得権益が日本経済全体をぶち壊しています。

山田　まさに今回のテーマ、「そういうことをやっていると、最後は破局が来る」という話ですね。

世界の中でガラパゴス化する日本のエネルギー事情

金子　今の日本は、戦争末期のような状態にあります。前章で述べたように、財政金融政策がマヒ状態で、日銀が歴史的な敗北を喫しています。ですから、産業ではエネルギー転換や電気自動車、ＲＮＡ医薬品で日本は立ち遅れています。ＩＣＴ／ＩｏＴの情報通信産業も、日本は圧倒的に遅れ始めてしまっている。

例えばウクライナ戦争が終わったときに、世界中が再生エネルギーと蓄電池、スマートグリッドに移行している中、日本だけが原発に頼ってエネルギー転換できない状況は、いずれガラパゴス化するでしょう。さらに、貿易赤字はこのまま推移したら年20兆円を超える状態です。日本だけが、四半世紀も実質賃金が低下し続けていて、人口減少も深刻な状況です。

もちろん、テロや言論統制、財源なき軍備増強など、さまざまな問題が社会現象としても付きまとっていますが、経済現象を見ても戦争末期の状況です。貿易赤字は、すごい勢いで加速度的に増えています。２０２１年7月以前は、貿易赤字が出たり出なかったりという状態がずっと続いていましたが、２０２２年になると赤字が加速しています（**図2**）。

山田　ほとんど慢性的な感じですね。

金子　日本経済は、自動車だけが何とか頑張っている「自動車一本足打法」ですが、電気自動車化と自動運転で失敗すると、本当に貿易赤字が構造化してしまいます。賃金に関して、岸田さんは年頭所感で「構造的な賃上げ」といっていますが、これは名目賃金のこと

図2　日本の貿易収支の動向

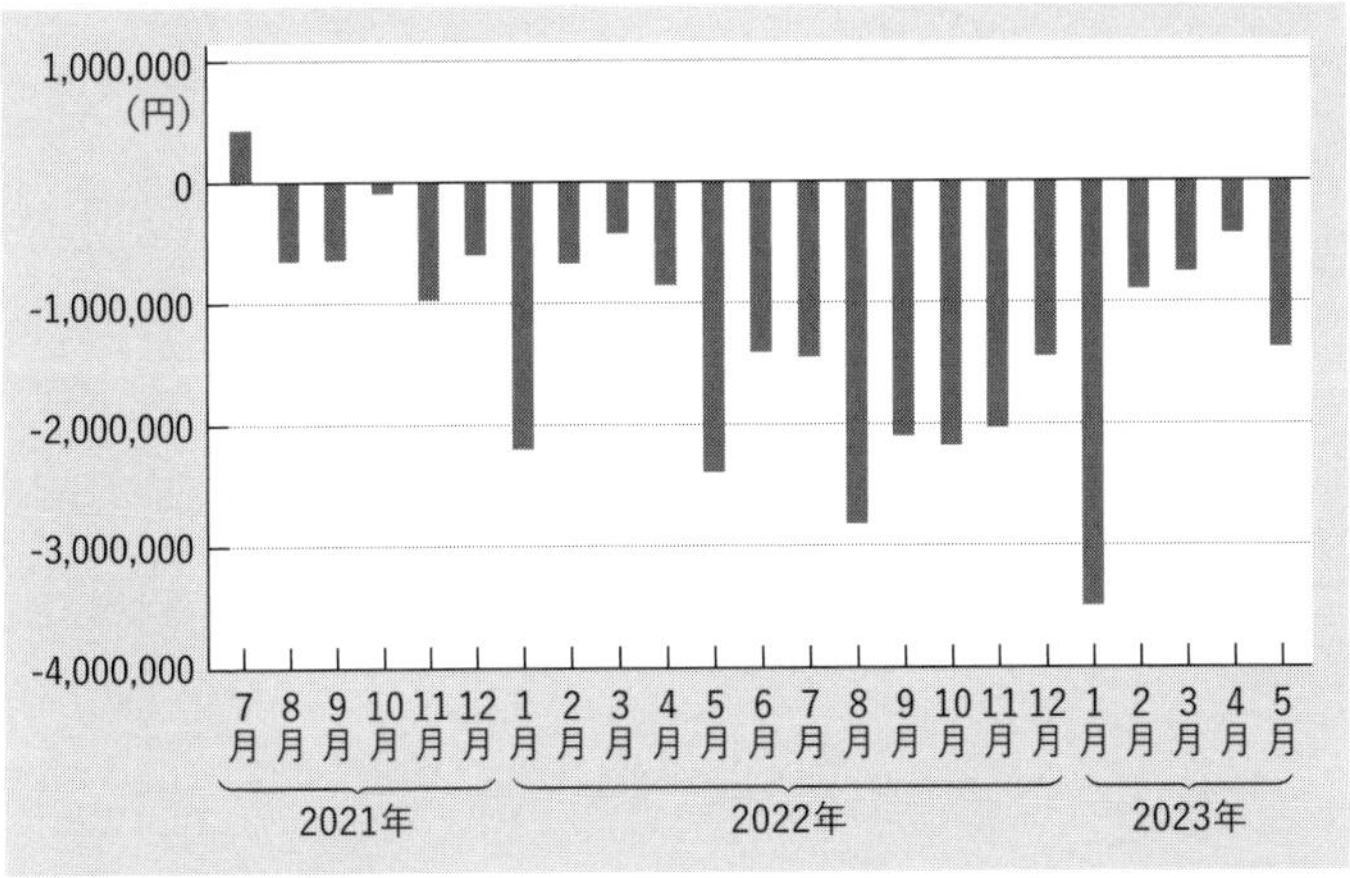

出典：財務省「貿易統計」

であって実質賃金ではありません。しかも、中小企業や非正規雇用では名目賃金もほとんど伸びていないので、いい加減にしてほしいと思います。

ちなみに、岸田政権の「構造的賃上げ」とは、リスキリング（新たな知識や技能の習得）、ジョブ型と自称する成果主義賃金、成長産業への労働移動を指しています。しかし実際には、縁故主義企業と結びついて新しい先端産業を潰しているので、結局は古い産業のリストラ政策に他なりません。

こうやって見ると、１９９７年の金融危機以降、顕著にその状態にあります。つまり、失敗の本質です。失敗して以降も、先端産業はダメになり、賃金はまったく上が

図3　日本の総人口の推移

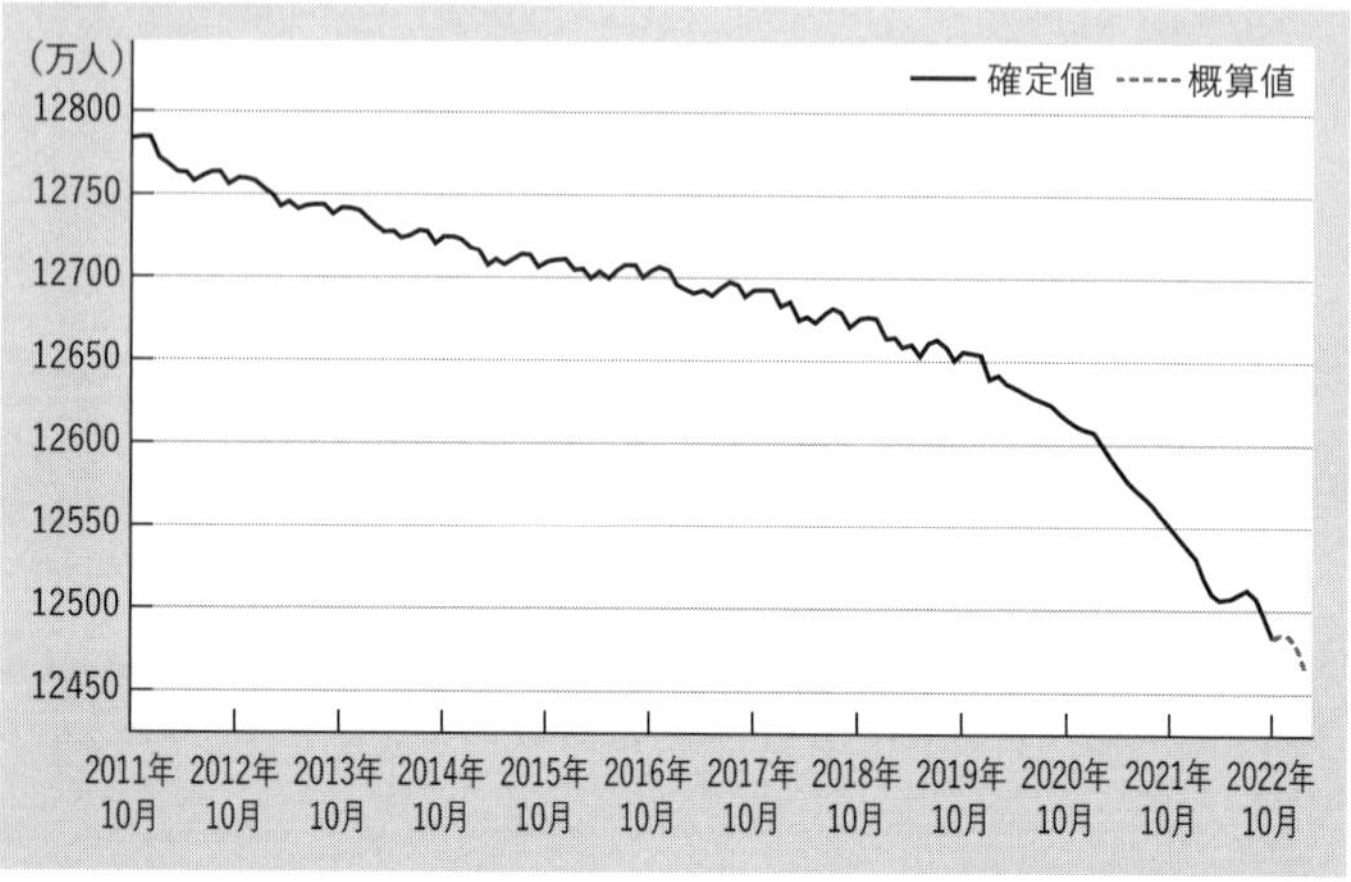

出典：総務省統計局「人口推計」

らない。そういう国になっています。それをどうやって反転化するのか。最低賃金を大胆に上げる、新しい産業をどうつくるなど、具体的な案がまったくないわけです。

山田　掛け声だけですね。おそらく、重厚長大産業や大企業はある程度の余力があるからつき合ってくれるでしょう。しかし、それはごく上澄みの産業であり、日本の90％以上の中小企業はついてこられません。

金子　もう一つ、もっと深刻なのは人口減少です。総人口の推移を見ると、２０１０年以降、ほぼアベノミクスの間、人口は徐々に減ってきましたが、ここへ来て加速度的に減っています。特に新型コロナになってからは、減り方が大きい（**図3**）。

これを異次元の少子化対策と称して、財源も決められないし、有効的な政策が一つも出てこない。こういうことで、はたして少子化に歯止めがかかるのか。産業の衰退をどうやって食い止めるかという産業戦略もまったくないまま、結局のところ原発や防衛費、自動運転などの問題を置き去りにし、新しい産業の衰退を放置しているわけです。ですから、本当の意味で「これで日本は存続できるのか？」と考えると、持続可能性はないと断言できます。いずれは破局、カタストロフが来るのでしょう。

日本を滅ぼす3つの誤り〜正常化バイアス・加速主義・脱成長論

金子　いろいろとありながらも、アベノミクスでもなんとか10年もったわけです。だらだらとやりながら、茹でガエルで賃金は上がらなくても、とにかく存続できました。ですから、国民は「これからも大丈夫。なんとかなる」と考えています。これを「正常化バイアス」といいます。ですが、なにもしないで待っていて、また元に戻るというのは勘違いなのではないでしょうか。

山田　かつて、日本経済が右肩上がりだったときは、みんなで働いていれば暮らしがよくなりました。そういう記憶が残っているのでしょうが、この衰退の30年をくぐり抜けて、そういう時代はすでに終わっています。

金子　もう一つは加速主義（資本主義を深化させることは自己破壊的な傾向を早め、最終的にはその崩壊につながるという信念）です。カタストロフが起きるのであれば、早く起きてしまったほうがいい。そのほうが早く立ち直れるという考え方です。しかし、歴史を見ても、そう早く立ち直ることはできません。いったんカタストロフが起きると、よりひどいことが起きます。それが、ファシズムの歴史です。

状況が悪くなったとき、プランBを持って、なんとかしなければいけないという考えがない。ただ待望しているだけで「どうせ壊れるなら、早く壊れてしまったほうがよくなる」といっても、よくなる契機、反転する契機は生まれません。

山田　うろたえるだけ、不安がどんどん募るだけで展望を持っていないと、やはりなんとなく自暴自棄になってきます。それが、誰か強い人になびいていくような動きになるかもしれませんね。

金子　戦前がそうでした。最初に弾圧されたのは、社会主義者でした。次は、リベラリストだった。気がついたら、キリスト教信者もそうなってしまったというように、待っている間に状況はどんどん悪化していきます。そうなると、元に戻す力が働かなくなることが、一番危惧される。

脱成長論（経済成長を目指すグローバルな資本主義が人的搾取や環境破壊を生むとして、それを批判する考え）も、一見すると、みんなが我慢すればいいように思いますが、結局、所得再分配政策だけで、経済衰退は放置するという議論です。なにもしないで待っていても、経済は衰退するので賃金も低下は止まらず、状況は悪くなっていく一方です。脱成長どころか、成長がすでに衰退している状態です。そういう状況ではポジティブに物事を考えられなくなります。実は非常に保守的な議論で、なにもせず待っているだけなので楽ちんですが、とくに若い人にはチャンスがなくなります。

前章でプランBの話をしましたが、本当の意味で、今の厳しい状態の中で破綻をどう防ぐか、物価対策をどうするか、貿易赤字をどうするか、新しい産業をどうつくるか、科学、産業技術をどうするか、あるいは地方の経済をどう復活させていくかという具体的なプランBを一生懸命に考えていかなければなりません。つまり、覚悟を持ってカタストロフを迎えなければならないのです。

山田　カタストロフがやってくるのがわかっているのに、なにもしないで待つのは最悪だということですね。

カタストロフに備えるためには覚悟が必要

金子　それが、「新しい戦前」の帰結だと思います。新しい戦前はカタストロフが来る前に、あるいは来たら覚悟を持ってそれを防ぐ。一人一人ができることは限られているかもしれませんが、自分たちで一生懸命考えながら力を合わせていけば、少しでも反転できる。そういう動きができていくのではないでしょうか。

山田　大波が押し寄せてくるときに、ただ呆然としていては流されるし、うろたえれば持っていかれます。そうではなく、かなり押されるかもしれませんが、「これをしっかり受け止める」というポジティブな姿勢がないと、とてもではありませんが乗り切れられないということですね。

金子　産業や地域もそうですし、政治でいえば、女性の政治家が台頭してさまざまな新しい政策を打ち出すなど、カタストロフが来る前に、やはり能動的になにかをしなければいけないということを強調したい。

山田　これは、生き方の問題でしょうね。ですから、自分の身の周りで新しい動き、新しい芽のようなものを見つけ、それに対して自分がどう関わるかということが一人一人に問われている。

金子　私は、弱いリベラルではダメだと思います。なぜかというと、戦前、世の中がひどくなってくるけれど、自分の良心を一生懸命守って戦争が終わるのを待ったという話を聞きますが、はたしてそれでよかったのかと思います。それも一つの逃避です。

いったん歯車が狂って加速主義になってしまうと、戻せなくなってしまいます。自分でできることは限られていますが、戻せる段階のうちにできるだけのことをして、少しでも貢献することが大切なのではないかと思います。

山田　自分が前に向かって進んでいかなければ、流されてしまいます。ですから、洪水に備えて方舟を作るような気持ちがなければいけませんね。

金子　山田さんも私も先は長くないので（笑）、できるだけのことはしていかなければならないと思っています。

山田　「では、こうすればいい」という決まったことはありません。自分の周りになにか新しい芽や新しい人の動き、あるいは人と人のつながりがあるかもしれません。一人ひとりが身近な発見の中に、確実な未来を探していくしかないと思います。

　カタストロフに備えるためには覚悟が必要だというのが、金子さんからこれからの人へのメッセージですね。

金子　これ以上状況が悪くならないためには、後悔のないように一人ひとりができるだけのことをする。これが、今一番私が考えていることです。

山田　冷笑や傍観するだけでは、なにも前へ進みません。

第3章

日銀新総裁に求められるもの

～安倍・黒田で失われた日本の10年

黒田日銀がもたらした3つの問題‥
その1　国債乱発で財政破綻

山田　この章では、「新しい日銀総裁に求められるもの〜安倍・黒田で失われた日本の10年」というテーマで、金子さんに存分に語っていただきたいと思います。

金子さんの〝悪魔の予言〟が現実化してきました。そういう中で、黒田日銀総裁が退任し、植田和男氏が新しい総裁に就任しました。金子さんは、このタイミングできちんとアベノミクスを総括しなければならないとおっしゃっていましたね。

金子　そう思っていますが、「これで日本は大丈夫なのだろうか?」というのが一つのメインテーマです。急激な円安になったり、あるいは国債が猛烈に売られて金利を上げざるを得なくなったりしているので、「日銀がおかしくなっている」ということはわかりますが、いったいどういう意味があるのかはなかなかわかりにくい。

山田　「日銀がおかしいらしい」というのは薄々わかってきたけれど、どこがどうおかしいのかは専門家でないとわかりません。

金子　専門家でなくとも、ある程度の知識があればわかりますが、岸田首相も黒田前日銀総裁も物価上昇は「一時的」だといい続けたため、どうもメディアが触れたがらず、「なにがおかしいのか？」を伝えていません。ですから、余計に混乱をもたらしているように思います。

　なぜ今、日銀の転換が必要であるという議論が出始めているのか。その背景として、やはり黒田総裁のもとで日銀が行った施策がいったいどういう効果を持っていたのかということが一番問題であると思います。実は、このことをメディアが隠してしまっているわけです。もちろん、新聞を見れば多少は載っています。

山田　よく読むときちんと書いてありますが、見出しとしてはほとんど出ていません。

金子　申し訳程度に書いているだけなので、なにが問題だったのかということを正面から議論しなければなりません。まず問題にしなくてはならないのは、やはり国債を乱発して日銀が超低金利で大規模に買い続けるという政策を10年も続けたということですね。

山田　黒田さんは、「国債を乱発して引き受けるのが我々の政策ではない。国債を買って、市中にお金を流しているだけである」といった言い訳をしています。

金子　ですが、彼は当初からおかしかったですね。「黒田バズーカ」と呼ばれた大規模な金融緩和を行えばインフレ期待が上がってきて消費が盛り上がり、経済がよくなるはずだといっていました。ところが経済がよくならないと、「いずれトリクルダウン（富裕者がさらに富裕になると、経済活動が活発化することで低所得の貧困層にも富が浸透して、利益が再分配されると主張する経済理論）する」というような議論にすり替えては次々と話を変えていた。任期後半は「賃金が上がるような、いい物価上昇になっていないからだ」と繰り返して、そういう政策を続けていました。

山田　よくわからないのですが、物価は4％も上がっています。2％に上げるといっていたので、4％の上昇であればお釣りが出るほどのインフレが起きているというようにも思えます。しかし「そうではない。賃金が上がっていないのだから、物価が上がっていることにはならない」と話をすり替えています。

金子　ですから、この10年間はインフレターゲット（政府・中央銀行が中長期的な物価上昇率の目標を数字として明示する、金融政策運営の枠組み）しても金融緩和では実質賃金が上がらず、2年で2％という目標通りにはなりませんでした。金融緩和をしたけれど実質賃金は上げられないので、本来は2年で終わるはずでしたが10年も続けてしまったというのは、あとで大きな問題になるわけです。

なおかつ、ウクライナ戦争、新型コロナ、あるいは米中デカップリングでどんどんサプライチェーンが壊れて、石油や穀物の物価がどんどん上がってしまった。上がったとたんに今度は金融を引き締めなければいけないのですが、10年も金融緩和を続けた結果、日銀の金融政策の柔軟性、機動性が失われてしまいました。

山田　その結果、日銀は自ら金融を引き締めることができなくなってしまったということですね。金子さんがおっしゃるように、やればやるほど出口のないネズミ講のようになってしまった。

金子　金利が上げられなくなってしまって、「いずれ物価は下がるので、このままでいい」といい出しますが、物価が上がっているのであれば金利を上げればいいし、物価が下がっているのであれば金利を落とせばいい。そういう当たり前のことができないことを説明できないわけです。ですから、基本的に日銀はもうマヒ状態にあります。

山田　今、金融超緩和を続けているということは、この政策というのはインフレを煽《あお》るための政策ですね。

金子　デフレ対策で金融緩和を実施して、それを今のインフレ状態でも続けているということは、もはや金融緩和はインフレ政策になってしまっているわけです。

山田　かなりまずいことだと思います。
金子　ほとんどアウトです。政策論としては、破綻しています。
山田　本来であれば引き締めなければなりませんが、それができないのはさまざまな財政の問題などが絡んでくるわけですね。
金子　そこをきちんと解剖しないと、なにがおかしいのか把握できません。
山田　国債乱発で財政破綻を起こした。これは、日銀がどんどん市場からお金を吸い上げたからです。日銀の国債保有率が２０１０年には８％ほどであったのが、現在は50％を超えてしまいました。
金子　なおかつ、日銀は無理をして国債を買い続けています。今、投機マネーが国債の売りの圧力をどんどん加えて、すごい勢いで買っています。ですから、このまま行くと本当に金融市場の中で国債市場は完全なマヒ状態になります。
山田　1日で３兆円ほど買ったりしています。
金子　２０２２年12月と２０２３年1月を合わせて国債の購入額は40兆円弱ですから、年間にすればば２４０兆円ということになります。
山田　結局、このように日銀が国債を買っているので、政府は無尽蔵に国債を乱発して、お金がなくなれば「国債を出しましょう」というように、いってみれば国債でなんでもできるという放漫財政が始まってしまったということですね。

金子　当たり前のことですが、１０００兆円を超えた国債で、国債費（国債が発行されてから償還されるまでに国家が負担する費用）が26、27兆円で収まっているのは、日銀が異常に低い金利で買っているからです。それでばらまきをやっているわけです。

山田　ゼロ金利に近いわけでしょう？　そうなると、ほとんど利払い負担がないので、本当にゼロ金利で借金をしたようなものです。逆にいうとそれが財政や政治家を弛緩させてしまったということですね。

金子　それに、経営者も弛緩させてしまいました。要するに、マイナス金利を含めた超低金利なので、いくらでも借金ができるわけです。ゾンビ企業、例えば東京電力や東芝など、本来であれば市場から退場を迫られるような状態でも、日銀が社債を買ったり、非常に超低金利でお金が借りられたりするから、なんとか生き延びています。

黒田日銀がもたらした3つの問題：その2　産業衰退と貿易赤字

金子　そういう状況になっているので、革新的な技術開発をしたり設備投資をして新しい国際競争力を身につけていくべき先端産業が、どんどん衰退しています。今、貿易赤字が非常にかさんでおり、２０２２年度は21兆円を超えています。２０２３年１月の上旬と中旬で赤字が３兆円を超えています。６月の貿易収支は、原油などの輸入額が大幅に減ったことで４３０億円の黒字にはなったものの、このままであれば毎月多額の赤字が出てもおかしくありません。

さらに米中デカップリングで今、アメリカと中国の半導体戦争もすごい勢いで起きていることも懸念材料です。

山田　要するに、アメリカは中国の半導体の生産を抑えようとしており、日本などに「半導体をつくる機械を中国に売るな」と圧力をかけているわけです。ですが、半導体をつくる機械というのは日本の稼ぎ頭の業種ですよね。

金子　東京エレクトロンをはじめとする企業が、中国へ輸出できなくなってきます。こういう状態で、中国が最大の貿易相手であるのに輸出ができなくなり、米中対立が激しくなって、かつ防衛費増強などで緊張が増大していくと、毎月３兆円の貿易赤字でも済まなくなってしまう可能性がある。実際、２０２３年1月の貿易収支は単月としては最大となる約３・５兆円の赤字です。

貿易赤字がひどくなると、海外立地企業の競争力が衰えます。バブルの崩壊が起きると、経常収支の黒字もその分、危なくなってきます。結局、資金を海外から入れないと、国際収支が保てなくなってしまうのです。

山田　日本というのは、ともかく貿易収支で稼ぎ、海外企業からの送金もあって、国際収支は黒字なので、いくらでも海外に円をばらまくことができました。しかし、今後はお金を外から受け入れないと日本の経済が保てなくなるということですね。

金子　少子高齢化とともに個人貯蓄が減って、経常収支が赤字になると、国債を消化するために、外のお金に依存しなければいけなくなります。そうすると、発展途上国型の財政危機が起きやすくなるわけです。なぜかというと、海外の資金が日本の国債を大量に買うようになり、海外で売られて激しく下落してしまうからです。

そういうふうにデフォルト（債務不履行）が起きた国は、最も近いのが1998年のロシアでした。1979年のイギリス、1982年以降のメキシコやアルゼンチン、ブラジル、1997年のタイ、インドネシア、韓国などはIMF（国際通貨基金）の介入を受けました。ですから、日本も先進国ではなくなってきて、やがてそうした危機が訪れるということを真剣に受け止めないと、大変なことになるかもしれません。

山田　黒字国日本といっていられなくなってきているわけですね。

黒田日銀がもたらした3つの問題：その3　賃金下落・格差拡大・人口減少

金子　私たちは、ある意味、円安でずっと潤うような状況が続いてきました。企業は儲かるので技術開発をしなくてもなんとかなるのではないかと思っていて、なおかつ賃金を下げながら利益を確保していたので、まさに茹でガエル状態だったといっていい。

山田　金利が低いうえに、円安で儲かる。しかも、いくらでもお金が借りられる。従業員は非常に聞き分けがよく人件費は少なくて済む。企業の経営者にとって、こんなに楽なことはありません。

金子　本来、厳しい国際競争に晒《さら》されながら、新しい技術や新しい開発、製品をつくっていくのが日本の特色だったわけです。なぜかというと、なかなか国際収支が黒字にならなかったので、日本は一生懸命に努力をして自動車産業などを育てたからです。しかし、茹でガエル状態になってからは、それが緩んでしまった。

山田　アベノミクスが10年続いたわけですからね。

金子　政府はどうかというと、本来であれば国債を大量に発行すると金利が上がって、国債の発行にはブレーキがかかりますが、日銀が低金利で全部買ってくれるわけです。それをやりすぎてしまったために、非常に財政が苦しくなってしまいました。

山田　なんでも国債に頼るしかないという話ですね。

金子　結果としてなにが起きたかというと、名目ＧＤＰはほとんど伸びていません。ところが、長期債務残高はずっと増えています。それなのに、経済は成長していない（**図４**）。

山田　長期債務残高は１９７０年にはほとんどゼロに近かったのが、２０２１年には１０００兆円を超えるようになりました。

図4　名目GDPと普通国債残高

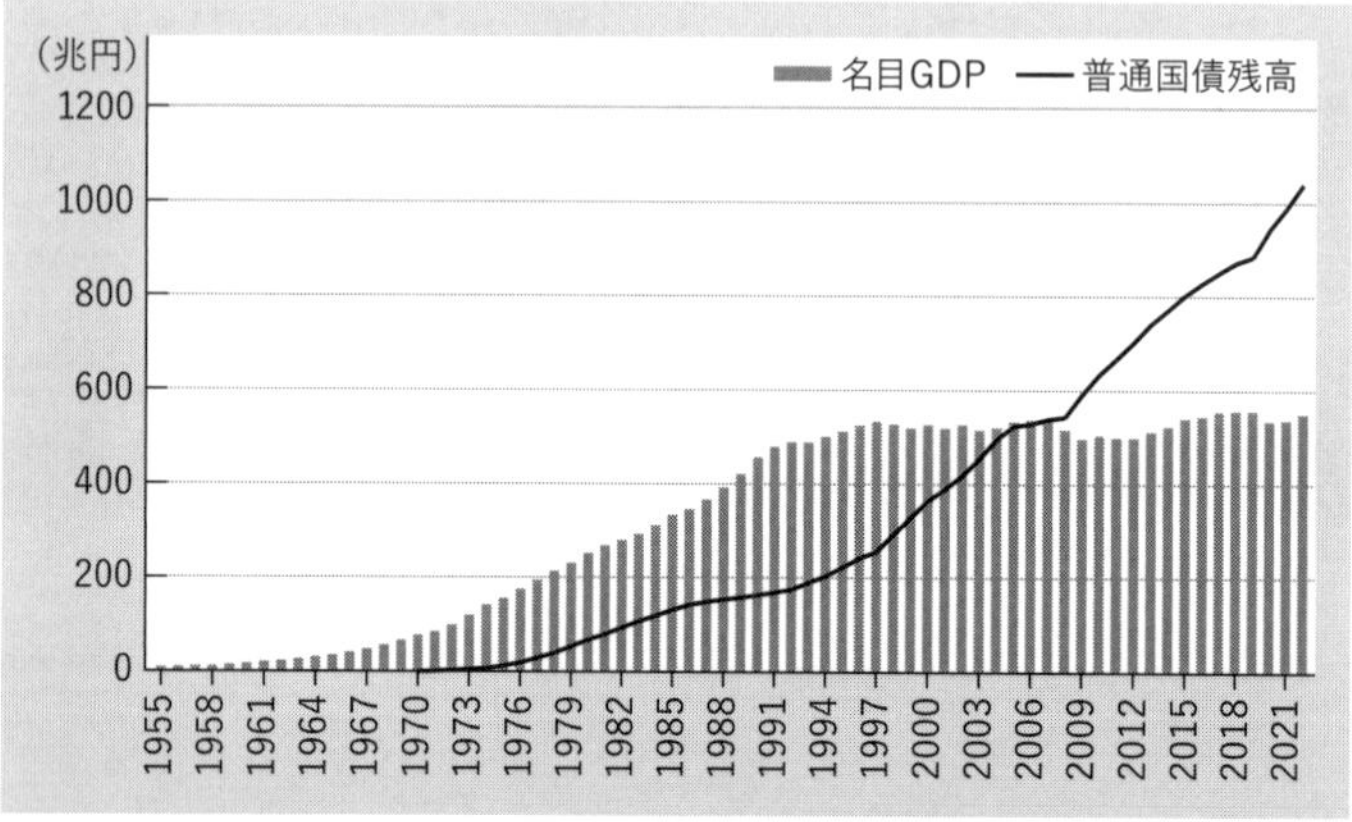

出典：財務省・内閣府の国民経済計算（普通国債残高は実績ベース）

金子　これでわかるように、アベノミクスはまったく効果がなかった、日本に成長をもたらさなかったということです。つまり、赤字を垂れ流すことで現状を維持するのが精一杯で、それに安住していたわけです。「潰れていないからなんとかなる」という思考で、茹でガエルになってしまった。その結果、国際競争力が低下していって、加速度的に貿易赤字が増えていく。しかも、賃金が上がらずに貧困化が進んでいって、最後には人口減少まで起こっている。

山田　これでは、子どもが育てられません。

金子　私の娘は、「子どもをつくると、ペナルティを受けているようだ」といっています。娘は働いていますが、働いているから子どもも産めるわけです。共稼ぎでないと、とても子どもを産むことができません。子どもを産んだら産んだで、ほとんどペナルティで税金はあるし、会社の中ではいじめられるといった感じだとか。２０２２年の日本の出生数はとうとう77万人になってしまいました。７年連続の減少で、初めて80万人を割り込みました。

これはかなり深刻な事態で、あと20～30年後に77万人の半分にあたる女性が子どもを産むようになったとしても、出産する人のベースがこれだけ深刻に低くなってしまうと、比例して人口が減ってしまうのは自明の理です。

山田　子どもを産む人が少ないから、また子どもが少なくなるわけですね。

金子　そのうえ出生率も年々下がっていますから、人口の減少傾向は止まらない。

山田　２０１０年あたりからの人口の落ち込みはすごいですね。

金子　アベノミクスのもとで徐々に人口は減っていましたが、最後のとどめが新型コロナでした。しかし、他の国では新型コロナだからといって人口がそれほど極端には減っていない。ですから、賃金の下落や経済の回復見込みがないことなどが影響したのでしょう。特に女性の非正規労働者が大量に生まれ、なおかつ新型コロナでどんどん解雇されています。そういうことが大きく注目され、ようやく子ども手当が所得制限なしになるなど、いろいろな動きが出てきました。遅きに失した感は否めませんが。

山田　今ごろ遅いです。なんとかそういうところに手当てをして、社会全体で子どもが産めるような仕組みをつくらなければならないといわれ続けていたのに、全部自民党が否定してしまった。

金子　2010年頃から人口が減り始め、出生数が100万人を切るかどうかで少子化が問題になりました。民主党政権がフランスなど中欧諸国をモデルにして、所得制限なしの子ども手当や高校無償化などを打ち出しましたが、それを自民党がすべて否定してひっくり返してしまったわけです。

結局、自民党の「日本型福祉社会」というものは三世代住宅のサザエさんモデルで、祖父母が教育費のために孫に相続させることを想定して減税するといった政策でした。旧統一教会の影響がどれほどあるかよくわかりませんが、少なくともそういう古い家族観が少子化を加速させていったのは明らかです。

山田　黒田日銀のアベノミクスと並行して、古い家族観で行われた政策は、致命的な結果が出ています。

金子　2015年前後から、高齢者の非正規雇用とともに女性の非正規雇用が増えています。なぜかというと、一つは団塊の世代が70代になる一方、奥さんが働かないと子どもを産むことができないからです。本来はもっと女性の正社員がいてもいいはずなのに、まだまだ不十分です。所得制限がある中で、子どもの教育費に関して所得中間層が不利な状態になっています。金持ちであっても義務教育の小学校では授業料を払っていません。高等教育まで無償化しないと、安心して子どもを産めない。

日本の少子化は深刻だということを、安倍さんは全然考えていなかった。子ども中心に考えない限り、女性の権利も保証できません。そういうことは、安倍さんの家族観や世界観からまったく感じられませんでした。

おまけに、経済がどんどん落ち込んでいって、輸出企業だけが潤う政策を行った結果、ついには人口減少という深刻な事態を生み出したということです。

山田　ここで挙げた①国債連発と財政破綻、②産業衰退と貿易赤字、③賃金下落・格差拡大・人口減少の３点は、きちんと見直さなければならないポイントですね。

金子　まさに「３本の折れた矢」の状態なのです。

日銀の植田新総裁が直面する黒田日銀のツケ

金子　安倍政権が「3本の矢」と称した失敗政策を、国家戦略特区も含めてきちんと総括してどこがいけなかったのか検証しなくてはなりません。日銀もその中の重要なポイントとしてしっかりと総括したうえで、新しい日銀を立ち上げないといけない状態に入っていることを強調しておきたい。

山田　日銀総裁が黒田さんから植田さんに代わるところで、金融政策を変えなければいけないのではないか、正常化が必要なのではないかという声が出ていました。安倍・黒田体制のなにが異常だったのでしょうか。

金子　アベノミクスの結果は、はっきりいって失敗だったわけです。いろいろな問題が起きましたが、それだけではなくて、ウクライナ侵攻や新型コロナの問題、米中デカップリングがあって、世界が次第にスタグフレーションの度合いを強めています。それに歩調を合わせ、財政赤字の膨張や日銀の異次元緩和の歪みがどんどん表面化し、金融政策の機動性や柔軟性がなくなってしまい、日銀は今や投機マネーの攻撃対象になっています。

山田　日銀がいろいろとやっていて、ともかくお金を市中に流す。それだけでは足りなくて低金利にする。それで、無理やり日銀の会議室で市場の金利を決めて、その数字を目指して市場介入などをやっています。

金子　特に長期金利のコントロールは無理です。そんな無理なことをやっている以上、失敗の総括がなければ新しい方向へ舵取りを変えることはできません。そこが懸念材料のひとつです。

山田　新総裁としてやらなければならないこと、少なくとも金融政策としてはどういうことが挙げられますか？

金子　現状の日銀は穴だらけです。例えば、金利を上げないと、円ドルの為替市場で円安が進んでしまいます。では、金利を上げたらどうなるのかというと、10年債や中期債、あるいは長期債も金利が上がってどんどん国債費が増えてしまい、国債の価格が下落するというジレンマにはまっているわけです。ですから、その隙があるところへ投機マネーが仕掛けます。為替市場で防御して、金利が上がる方向になるといったら、今度は国債を売りに行くという形でマーケットで仕掛けるということです。

日銀が国債を超低金利（つまり高い価格）で買ってくれるので、自動的に儲かります。メディアは報じていませんが、２０２２年12月20日以降、いくつかのファンドが金利を上げざるを得ない状況に日銀を追い込んでいって、年間の収益の半分を確保したというわけです。つまり、投機マネーをボロ儲けさせる時代が来ているのです。

さらに問題なのは、こんなに金利が不安定な状態だと、実質、社債が発行できなくなっているということです。なぜかというと、金利が上がってしまう圧力が強すぎるので、今の金利で社債を発行して、そのあと社債価格が下がることになったら買ってもらえなくなるからです。

山田　今の金利が異様に低く抑えられているので、このままだと当然、金利が上がっていくだろうということで、先物買いで投機筋に……。逆にいうと、発行者が社債を発行できないのは、低い金利で出しても、すぐに金利が上がってしまい、発行した社債の価格が下がってしまうからです。無理に低い金利で発行しても、買い手がいない。

金子　第1章でも述べたイールドカーブコントロールですが、1年から40年まで国債の年限が短いほど金利は低く、徐々に上がっていくのが普通のイールドカーブです。しかし、いくらやっても凸凹が起きてしまいます。

２０２３年1月5日に10年国債の金利を０・５％にしましたが、18日に介入して０・45

％まで下げました。そうすると、８年債、９年債の金利が10年債の金利を上回ってしまいます。それで、共通担保資金供給オペレーションで、金融機関が保有している国債を担保に日銀がお金を貸して、10年債までの国債を買わせるわけです。

山田　要するに、今は日銀が自分のお金で国債を買いまくって金利を安くしているわけですが、日銀だけでは手が足りないので、銀行にお金を渡して「銀行もみんなで買ってください」ということをして国債の相場を支えようとしているわけですね。

金子　本当にネズミ講のようになっていて、銀行が持っている国債や地方債を担保に超低金利の資金を供給して、また国債を買わせるわけです。

山田　今のマーケットで買う国債よりも低い金利でお金を貸し、それで国債を買えば儲かるといってやらせているのはやはり異常です。

金子　そんな状況がいつまで続くかわかりません。仕方がないので、金利の凸凹をならそうとすると、中期債の金利はやや下がりましたが、超長期債の金利が少し上がるだけではなく、10年債の金利が０・５１１になって０・５％を上回ってしまう。どこかを支えようとすると、どこかが凸凹になるという状態になり、金利が非常に不安定になります。

山田　日銀が介入して市場で実際につくはずの価格を歪めているわけですね。ですから、こういうことはやめようというのは、日銀の総裁が交代するときにいろいろなところから出ていた話です。

金子　総裁交代のときに市場を野放しにしたら、長期債の金利がどこまで上がるかわからないので、不安なのでしょう。もう一つは、実は同じ10年債でもわずか3カ月ぐらいの満期の違いで、金利が倍以上違ってしまいます。368回目の入札では0・21％でしたが、369回目の入札では0・48％でした。

山田　なぜ、こういうことが起きるのですか？

金子　介入しているのは368回債で、特定の銘柄ばかり介入しているのでバランスが取れなくなり、同じ10年債の中でも凸凹ができているということです。

山田　こういう無理はいつまでも続かないので、そこを投機筋に突かれている。

金子　一物一価といって、物には一つの値段があります。これが市場ですが、2つの値段があったら、どちらを買っていいかわからなくなってしまいます。

同じようなものがあって、一方は安くてもう一方は高いというのは金融市場としては問題ありです。いってしまえば、満遍なく中長期債を買うというイールドカーブコントロール自体に無理があるということです。

山田　結局、黒田さんが10年かけていろいろやったことは失敗続きで、日銀が力ずくでマーケットを押さえようとまでしていますが、これもうまくいかないということが最後の最後ではっきりしてきた。

金子　黒田さんはひたすら逃げ切りで、とにかく早く辞めたいと思っていました。要するに、日本というのは原発も新型コロナもそうですが、責任者が絶対に責任を取らないわけです。それを守ろうとしているのは官僚なので、とにかく黒田さんのメンツを立てて辞めさせることしか考えていなかったのです。ですが、それでは日本国民に対して大きな負担を負わせ、かつ投機マネーにやりたい放題させてしまって、しかも将来にツケが累積するという状況を招くだけです。

リスクを累積させただけの黒田日銀

山田　誰が見ても、日銀が債券市場や株式市場に無理に介入して市場を歪めている。こういうことはそろそろやめなければいけないと思うのですが、急にはやめられません。

金子　日銀の国債買いの膨張がすごくて、２０２２年12月に16兆円を超え、２０２３年１月は23兆円を超えています。それだけでも合計すると40兆円弱です。

山田　「黒田の第2バズーカ」で介入金額を増やして年間80兆円になり、それだけでもみんな驚いたわけですが、わずか2カ月で40兆円です。

金子　２カ月で、年間の半分ほどを買ってしまっています。

山田　こういうことをせざるを得なかったほど、黒田さんは追い込まれていたということですね。

金子　年間で換算すると、２４０兆円です。２０２２年11月までの日銀の国債保有額は累積で５６１兆円ですから、２４０兆円を加えると８００兆円を超えます。そうすると、どういうことが起きるか。金利上昇に伴い、２０２３年１月末時点で国債は８兆８０００億円の含み損が出ていると、黒田さんは国会で答弁しました。

山田　要するに、金利が上がってきたので国債の値段が下がったということですね。

金子　巷では、金利が1％上がると29兆の含み損が出るといわれていますが、国債が８００兆円まで累積すると、それでは済まずに、破綻状態です。「債務超過になっても、国債を売らなければ表面化しないので大丈夫だ」という人もいますが、そんなことはありません。実質的な債務超過が拡大すると、日銀は国債を売るたびに損失が表面化してしまうので、国債の閉じ込め効果が起こります。

日銀が仮に560兆円＋40兆円で600兆円の国債が売れない状態になると、日銀内に閉じ込めてしまうわけです。そうすると、当然ながら国債が売れないので、国債のマーケットが1000兆円以上あっても、実質は日銀が半分以上持ってしまっているため、介入する国債がどんどん不足していきます。

ですから、日銀は介入するために、持っている国債を金融機関に貸して、それをまた買うというほとんどネズミ講のような介入をせざるを得ません。そうだとすると、マーケットが薄くなりファンドが売り一色の状態でますます不安定になります。しかも投機マネーの攻撃対象になりやすくなるわけです。

山田　要するに、10年国債の値段が非常にわかりやすいというのは、流動性と厚みというい方をしますが、結局、そこに多くの商いがあるので少しの売り買いがあっても変動は起こらないからです。しかし、日銀が吸い込んで出回る国債が少なくなると、少しの売り買いで大きく変動するということですね。

金子　投機マネーが、やりたい放題になってしまいます。

山田　変に守ろうとすればするほど追い込まれてしまう。

金子　売り浴びせられて、しかも膨大な国債を抱え込んでいけば、日銀は本当に万事休すになってしまう可能性が高い。

山田　そうなると、当然、国債市場が非常に不安定になってきます。国債が急に売られる、あるいは日銀がおかしくなってくると、日銀が発行している円の価値が揺らいでくるといったことにも波及しかねない。

「日本はもはや先進国ではない」という自覚が必要

金子　もう一つは、金利が上昇すると国債の利払い費がやはり増加していきます。財務省の試算では、金利が1％上がると利払い費は2025年には3・7兆円、2％だと7・5兆円増加します。ただし注意しなければいけないのは、財務省の試算は内閣府の楽観的なシナリオで、名目成長率3％を前提にしています。ところが、実態はその半分ほどの成長率なので、実際の利払い費増加は、1％の3・7兆円では済まなくなり、新しい国債をどんどん発行せざるを得なくなっていきます。

山田　非常に楽観的なシナリオで計算しているので、国債発行の数字が低く抑えられていますが、実質的にはより多くの国債が発行されるでしょうから、そうなると利払い費も増える可能性が高い。

金子　楽観的なシナリオは、成長率が高いと税収も上がるので、財政赤字があまり増えないという考え方です。

山田　予測をするときに、条件を適当に変えるわけです。結果だけ見ると、その数値に収まったためしがないというのは、そういったズルをしているからですね。

金子　低成長ベース、マイナス成長になったりすると、財政赤字はさらに深刻になってしまうわけです。

山田　黒田さんが国債を乱発したわけですから、このあとはもっと大変です。発行した分を急に返せといって減らすわけにはいきません。

金子　国債費が激しく増大していくと、ますます国債を発行しなければいけません。負債が累積して負債の罠（二国間の融資で国際援助を受けた国が債権国から政策や外交などで圧力を受ける事態に陥ること）が起きてもおかしくないし、、デフォルトになっても驚きません。

山田　債務破綻が起きる可能性が強まってしまう。

金子　通貨発行権があればデフォルトは起きないと変なことをいう人がいますが、「歴史を知らないのもいい加減にしろ」といいたいですね。基軸通貨国のアメリカは特殊です。戦後のデフォルト事例は先にも述べたようにメキシコ、ブラジル、ロシア、アルゼンチン、ギリシャと続いた。デフォルト寸前まで行ってＩＭＦの指導下に置かれたのは１９７９年のイギリス、97年の韓国で、２０２２年にはトリプル安による経済政策の混乱を招いたとして、イギリスのトラス政権が発足してわずか44日後には辞任に追い込まれた。彼らは、そういうデフォルトに近いような状態を過去に実体験しているので、政策転換せざるを得なかったのです。

山田　国債市場、株式市場もそうですが、なだらかだから大丈夫だと思っていても、いきなり大きな揺れが来るんですよね。

金子　財政赤字が深刻だと、金利が上がったとたんに累積してしまいます。国際収支が不安定な状態、日本は先ほども述べたように２０２３年1月上旬、中旬だけで貿易赤字は3兆円を超えていて危険水域にあります。そうすると、デフォルトに近い状態になったとき、ＩＭＦの管理下に置かれてしまうということも笑い話ではなくなる可能性がある。日本はもはや先進国ではないという自覚を持たなくてはいけない。

終戦直後、常に日本はそういう危機を経験してきたわけです。その経験がある人たちは、オイルショックで貿易赤字になったとき、なんとかこの状況を克服しなければいけないということで、国全体が一丸となって危機回避に動いた。

そのときに比べると、今の日本はもはや先進国ではなく、どんどん衰退している状態なのになんの危機感もありません。そこが問題なのです。

山田　たしかに、オイルショックのときなどは、昔の厳しい経験があったので、みんな身構えていました。ですが今は、「日本は大丈夫。この国は強い」といった感じで、ようやく昨年あたりから、日本は貧しい国だと気づき始めたのでしょうが、まだピンときていないところがあります。

金子　ですから、リフレ派（脱デフレを目指す「リフレ政策」を推進するエコノミストの総称）やＭＭＴ（現代貨幣論。信用貨幣制度をもとに財政赤字を先行させる反循環政策理論）が犯罪的なのは、危機感に対する弛緩をもたらし、未来に向かってなにをしなければいけないという緊張感を失わせてしまっていることだと思います。

山田　結局、それを失わせたのは黒田さんが行った異次元の金融緩和政策です。国債がいくらでも発行できるようにして、日本をある意味で茹でガエル状態にしてしまったことが、全体の緊張感を弛緩させている。

金子　こういうカタストロフに近いことは経験がありません。歴史的な危機は単なる金融技術だけではやり過ごせないわけで、カタストロフを迎えないで済むのか、どうしても危惧せざるを得ない。

失われた財政規律を課せるかが新総裁の課題

山田　このところ、金融も産業もそうですが、財政とその周辺でいろいろと異常なことが起きています。

金子　今が異常事態だというのは、単に日銀が攻撃の対象になっているだけではなく、補正予算で予備費がすごい勢いで拡大し、2022年も11・76兆円になっているのを見てもわかります。とにかく、予備費を法的に制限しなければいけません（**表5**）。

山田　使い道がはっきりしない予備費を勝手に何兆円も積み増している。

金子　本予算はそれなりの予算であったのが、補正予算で予備費がどんどん尻抜けして、財政規律が緩んでいます。

山田　なにかあったら、ここから出せばいいという感じですね。

金子　予備費とともに基金の新設・増設というのも、２０２１年に８兆円、２０２２年に４兆円を超えていて、公益法人が主体になっています。

山田　防衛力の強化資金も基金で捻出しましたね。その前に、科学振興など、それこそ役所ごとに将来のための基金のようなものをどんどんつくっています。

金子　その基金を仕切っているのは、天下り先の公益法人です。例えば、ガソリン補助金でいえば石油協会です。そういう基金は、天下り官僚と、私が「日本版オリガルヒ」と呼ぶ業界団体がくっついてお金をばら

表5　予備費の推移（一部重複あり）

2020年度：	当初予算0.5兆円＋1次補正1.5兆円＋2次補正10兆円 ＝計12兆円
2021年度：	当初予算5兆円＋1次補正1.5兆円＋2次補正6.8兆円 ＝計13.3兆円 （2次補正のうち5兆円は22年度繰越）
2022年度：	当初予算5.5兆円＋1次補正1.52兆円＋2次補正4.74兆円 ＝11.76兆円
2023年度：	当初予算5兆円

まいている。

山田　財政破綻寸前で、この状態ではお金が来ないかもしれないので、今のうちに食い逃げをするという簒奪《さんだつ》合戦が始まっている感じです。そのお金をプールしておくのが、もっともらしい名前を付けた基金ということですね。

金子　結局、そのツケはすべて赤字国債です。恒久的な財源がない基金は、整理しなければいけません。そういう財政に対する規律をしっかりつくってくれないと、日銀がいくら支えようとしても支えきれるものではない。それが今、異常な状態まで来て最後の局面になっているというとき、日銀総裁はどうやって規律を課すことができるのか。

山田　日銀総裁が、その都度、お金を使ってはいけないとはいえないかもしれませんが、お金が流れるというのは、日銀が金利を低く抑えてマーケットから国債を買っているからですね。

金子　本当は日銀が政治から独立していなければいけません。「そんなことをしたら、引き受けません」と突っ張れるくらいの力が必要です。特に劣化した政治家、特定の派閥を指すのは恐縮ですが、安倍さんとその仲間はとにかく国債を発行して、お金をいくらでも出せばいいと思っている。さらに悪いのは、官庁の外郭団体を軸にして財政投融資を行っていることです。

以前は主に郵便貯金でしたが、最近は住宅公団などの公団や公社、公庫などに財投債を発行させて、集めた資金を低利・長期で貸し出すわけで、いわば形を変えた国債です。すべてが税金ではありませんが、例えば旧住宅金融公庫であれば一定の返済があるわけです。ですが、これを民間でやるにはリスクが高いし、採算が取れない。そういった中途半端な領域も大幅に拡大しているので、これも抑えなければいけません。

予備費、基金、財政投融資と、財政規律の弛緩を直視するとデタラメな状況になっていきます。この状況で、最後の尻ぬぐいは日銀が国債を買えばいいという話で終わってしまう可能性があることを危惧しています。

山田　そう考えると、今かなりひどい状況が起きているといっていい。黒田日銀10年間の最後の数年で、お金の簒奪合戦のようなことが起きて財政が緩み、「財源がなければ、すべて国債でいく」という、「毒を喰らわば皿まで」状態が起きている。

日銀新総裁には危機に対応する胆力が求められている

金子　アベノミクスのもう一つの問題は、株を大量に買ったこともそうですが、超低金利政策を行ったために、弱小の地域金融機関が本当に苦しい状態になったことです。

山田　金利がほとんどなくなってしまったので、銀行が企業などにお金を貸してもほとんど利息を取れなくなっています。

金子　海外投資した債券が金利上昇で価値が下落しています。さらにリーマン・ショックのときのサブプライムローンのような仕組み債、いろいろな債券を切り刻んでつくるような仕組み債を、ハイリスク・ハイリターンで弱小の地域金融機関が買っているわけです。

山田　「お金を貸して利息を回収して儲ける」という本業が厳しくなりました。お金をハイリスクの商品で運用して、なんとか食いつなごうとしているので、経営のリスクはものすごく高まっています。

金子　それから、戦時中は一県一行主義がありましたが、横浜銀行と神奈川銀行が経営統合に合意したように。地域の金融機関をどんどん統合させています。統合すると、支店を整理していくので、地域の貸し出し先が先細りするという悪循環になります。

もう一つ問題なのは、日銀の貸付金で、中小企業に対して行っている43兆円の無担保・ゼロ金利融資をどうやってソフトランディングさせるかということです。

山田　日銀が、地方の金融機関にゼロゼロ融資という無担保・金利ゼロでお金を貸して、これで食いつないでくれといっているわけです。この融資を生命維持装置にして、生きている企業がたくさんあります。これをどういうふうにするのか。

金子　これは深刻だと思うのは、帝国データバンクの推計だと18万社以上がゾンビ企業だということ。つまり事業収益で借金を返せないわけです。それをどういう形でソフトランディングさせるかというのは、切実な問題です。というのも、貸したお金をすべてチャラにしたらモラルハザードです。しかし、どんどん貸倒れしていったら大不況になってしまいます。そういう過去のツケの収拾も図らなければいけません。

山田　黒田さんが金融緩和をしても不況から脱出することができないので、中小企業はみんな倒れそうになっています。倒産すると社会問題になるから、ゼロゼロ融資で支えていますが、いつまでもゼロゼロ融資を続けるわけにはいかず、いつかは切らなければいけない。切ったとたん、みんな倒れてしまいます。

金子　選挙対策もあって、こういうことをやってきたわけです。ところが今、金利が上がってしまうと、日銀が持っている500兆円ほどの当座預金の金利も上げなければいけません。ですが、上げることはできないでしょう。上げたら日銀の採算が取れなくなってしまいます。このままだと金融機関の経営が圧迫されるので、中小企業への貸付や住宅ローンの金利を上げざるを得なくなるわけです。これでは不況になり、不況になると税収が落ち、国債がさらに累積するという悪循環になります。

ですから本来、中央銀行がやらなくてもよかったことに首を突っ込んだがゆえに、日銀という中央銀行が金融秩序を守るという役割を果たせなくなるという問題に今、直面しているということです。

山田　出口戦略をやめたとたん、いろいろなところで問題が噴出しているという状況が経済社会に起きています。黒田さんが退任したこの局面で、それをどうするのかという話になったということですね。

金子　問題は、新しい総裁の胆力です。植田新総裁は、胆力を発揮して危機に対応しなければなりません。ですから、ある意味で国のためには自分が泥をかぶってでも、とにかく状況を変えていかなければならないと思えるかどうかです。

山田　政治家の顔色ばかり見ていたら、それができない。

金子　アベノミクスの失敗は自民党の政治家、野党の一部にもそういう政治家がいましたが、そういう人たちが結局、お金にたかっていたことも一つの要因です。国債を発行すればなんでもできるといった考えがあったから、結果として日銀が行き詰まり、中小企業や住宅ローンの問題も含めて、さまざまな形で危機が次々と表出してきています。

こういう政治家の介入を、本当に排除できるのか。それから、野党がしっかりしたプランBを立てて政策論争をすることによって、日銀が動きやすい状態をつくれるかどうか。そう考えると、今置かれている状況は金融政策だけでは変えられないことがいくつかあって、日銀総裁ではどうもならない部分は政治が解決しなければなりません。

ところが、無責任体制のうえに縁故主義は追及できず、公正なルールが壊れて、日本学術会議への攻撃といったことが起きているわけです。これでは、絶対に技術開発が進みません。その中で、情報通信技術、エネルギー転換、ＥＶ化、あるいはＲＮＡ医薬品といった先端分野で決定的に日本企業が遅れてしまうのは必然です。

米中デカップリングで対立が激しくなると、やはり対外ショックに強く貿易赤字に耐えられるエネルギーや食料を自給していくような、地域が自立できる国家体制をつくっていかなければなりません。日銀だけではできないことをやるのが政治でしょう。東芝や東電など、不良債権化したようなゾンビ企業が生き残っているようではダメです。電力オリガルヒを解体して、発送電の所有権を完全に分離することが不可欠なのです。

地域独占を守るために、大企業はカルテルを結んで新電力や再生エネルギーを妨害しています。最近は電力を値上げする際に、「原発を動かせば値上げをしない」というようなことをいっていますが、原発のコストは再生エネルギーに比べてはるかに高く、原発新設に8年、建設費は1兆円かかります。そういうものを温存していけばいくほど、世界のエネルギー転換から遅れていくだけです。

さらに、貧困や格差、少子高齢化、人口減少の深刻化も、金融政策だけでは解決できません。こういう重大な問題を日本全体でどうするかということを考えなければいけないわけです。

さしあたって金融政策ができるのは、デフォルトが起きないように、あるいは借換債が借り換えできないような状態をなくすために、安倍・黒田勘定で借換債を封じ込めて超長期債に転換することです。できるだけ金融政策の古い部分を切り離すことによって持続可能性、柔軟性を取り戻していくことで、投機マネーの攻撃を防いでいくということをやらざるを得ません。

山田　現在、約1000兆円の国債があるわけですが、切り離すとどういうことになるのでしょうか？　国債を発行して10年で満期だからといって全部返すのではなく、またお金が必要だから超長期債に借り換えるわけですね。

金子　借り換えると高い金利になって、国債費も上がってしまいます。しかも国債のマーケットに新規債以外に借換債が大量に出てしまうと、この状態で金利が上がって、とても財政運営ができなくなります。日銀もなかなか金利を操作できなくなるので、それを封じ込める会計をつくりその中で30年、40年という超長期債に転換して、ずっと持たせていくという方向で塩漬けにするのです。日銀が投機マネーから自由になり、攻撃を受けないようにしていくことがなによりも重要です。

ただそれをやると、プライマリーバランス、つまりこれ以上国債が増えないような、厳格な財政運営を行わないと、ますます投機マネーに狙われていきます。

山田　プライマリーバランスを取らないと、どうなるわけですか？

金子　第1章の繰り返しになりますが、倒産会社だという構えが必要です。財政規律がないという形になると、最後の手段がなくなってしまい、本当に紙幣増発のインフレを招くことになります。そこをきちんと変えられるかどうかが大切です。

山田　企業を再生するときのやり方と同じですね。別会社をつくって、新しい会社ではきちんと財務規律を整えて、利益が出る構造にするという切り分けが必要だと。

金子　倒産というか、民事再生に近いと思います。資産管理会社を分離独立させるというやり方です。

山田　それくらいのことをしなければ、問題は解決しない。

金子　先ほども述べたように、貿易赤字も破綻の要因ですから、できるだけエネルギーと食料の自給率を高めていくには、地域単位でやっていかなければなりません。しかも、再生エネルギーに対する投資、農業に対するＩＴの投資という形で、ショックアブソーバーになるような、対外ショックに非常に強い経済構造をつくっていくには、地域分散型にする必要があります。つまり、まずは日本が直面する最悪のリスクから打ち消していく政策をとるべきだということです。

金融正常化だけではなにも解決しない

金子　この間のアベノミクスで明らかになったのは、財政需要に頼っても成長は期待できないということです。さらに、ミクロ経済学でいうような規制緩和、いわゆる国家戦略特区や雇用流動化では決して新しい産業は生まれません。市場任せにすれば、不作為の無責任がますます横行するだけです。そうすると、きちんとした産業戦略と投資主導の成長戦略が不可欠になってきます。そのためには、公正なルールをつくり、縁故主義を正す必要があります。ですから、モリカケ、桜を見る会などの問題を徹底解明しながら、絶対に公正なルールで新しい産業をつくっていく。さらには、大学や研究機関を一から立て直していく必要があると思います。

山田　どこかで頭を切り替えていかないと、日本は再生できないかもしれません。このまずるずると続けていても、出口のないところに押し込められていくような感じです。

金子　岸田政権の悪い点は、防衛費もそうですが、なんでも曖昧にしていればそのうちなんとかなると思っていることです。そうではなく、産業戦略を含めて一から考え方を改めて、同時に日銀の政策も変えていかなければならない。その両方の構えが一体化しないと、うまく運営できないと思います。

山田　結局、なにか大きな壁にぶつからないと、禊《みそぎ》ができる国ではありません。

金子　本来は水と油なのに、とりあえず立憲民主党と日本維新の会が数合わせで「国会共闘」せざるを得なかった（その後、解消）。これはわからないではないですが、やはり立憲自身が政権を取っていくためには、しっかりとプランBを立てて、「こういう政策がある」と岸田さんに突きつけ、対峙しないといけません。

日銀総裁だけを代えてずるずると同じことをやっていけば政権が維持できるという甘い考えでやっているうちに、日本経済は致命的な傷を負う可能性が高いと思っています。

第4章

やめられない止まらないアベノミクス

～岸田・植田が歩む破局への道

維新の本質は新自由主義であり、深刻な事態を招きかねない

山田　この章のテーマは、「岸田・植田が歩む破局への道」です。やめられない、止まらないアベノミクス。そうした事情について存分に語っていただきたいと思います。そんな中で統一地方選挙が２０２３年４月に終わりましたが、一つの目立った特徴は、日本維新の会（以下、維新）の躍進ではないでしょうか。

維新の経済政策についてはいろいろと問題があることは、金子さんがかなり以前から指摘していましたが、ここに来て、今の日本経済と維新の躍進を経済的な政策の局面から見た場合に、どのような分析をしていますか。

金子　メディアが不勉強で、維新は中道右派というようなイメージをつくっていますが、実は自民党よりも右の面をたくさん持っているわけです。例えば、プーチンに肩入れしたり、核共有を主張したり、国防の問題、軍事費の問題、憲法改正の問題、スラップ訴訟と批判封じなどもそうです。

安倍さんや菅さんと非常に仲がよくて似たようなことをいっているだけでなく、経済政

策にしても今の行き詰まりの中で打開できるかのように思っていますが、これは小泉改革とそっくり。瓜二つで真似をしています。

一つは、いわゆる敵をつくってバッシングすること。小泉（元首相）さんのときは抵抗勢力をつくり上げて叩き、「改革なくして成長なし」といったワンフレーズ・ポリティクスといわれる劇場型の政治でした。それと同じなのは維新の「身を切る改革」で、これはほとんど新自由主義丸出しです。

山田　やはり維新の本質は新自由主義です。ですが、新自由主義は見直すというのが、岸田さんの方向性だったわけです。それに対して、維新は改革が徹底しないといった形で挑んでいる。

金子　ある意味でサッチャー（元英首相）やレーガン（元米大統領）のときは政治的には右、経済政策が新自由主義で、強い国家と市場原理という組み合わせは「新保守主義」というわれ方をしていました。実は今の岸田さんよりはるかに右のスタンスが維新なのに、なぜかメディアが中道右派のようなことを書いています。アベノミクスから10年経ってしまうと、若い記者はほとんど勉強せずにトンチンカンになる。政局しか追いかけていないから、ますますわからなくなってしまうのかもしれません。

私たちは今、新自由主義政策のもとで成長は絶対になかった、という事実に直面しています。実際、構造改革特区も、国家戦略特区も一切新しい産業を生んでいない。むしろ先端産業がどんどん衰退しているという現実をきちんと直視せず、総括してないからこういうことが起きるのだと思います。

山田　維新の経済政策は、新自由主義というのを一つの柱として、やっていることは要するに小さい政府です。それで民営化だと。身を切る改革なので、どんどん公務員を減らして、労働者の賃金水準を下げている。

金子　二重行政を縮小するということで、どんどん公的な機関を縮小しています。それで市場原理といいながら、実は大阪経済は衰退しています。**図5**が示しているように、維新政治のもとで、大阪の地盤沈下はどんどん進んでいる。しかも**図6**でわかるように、新型コロナ禍における完全失業率を見ても大阪は常に全国平均を上回っているのです。

山田　大事な市民サービスも低下しています。

金子　非常に似ているのが、小泉さんのときのワンフレーズ・ポリティクス、いわゆるポピュリズムで、選挙民の気分を煽ることです。分析能力が劣化しているメディアがそれに乗りかかり、そのほうがウケるので、負の側面を徹底的に隠してしまう。大阪では、負の

図5　1人あたり県民所得の推移

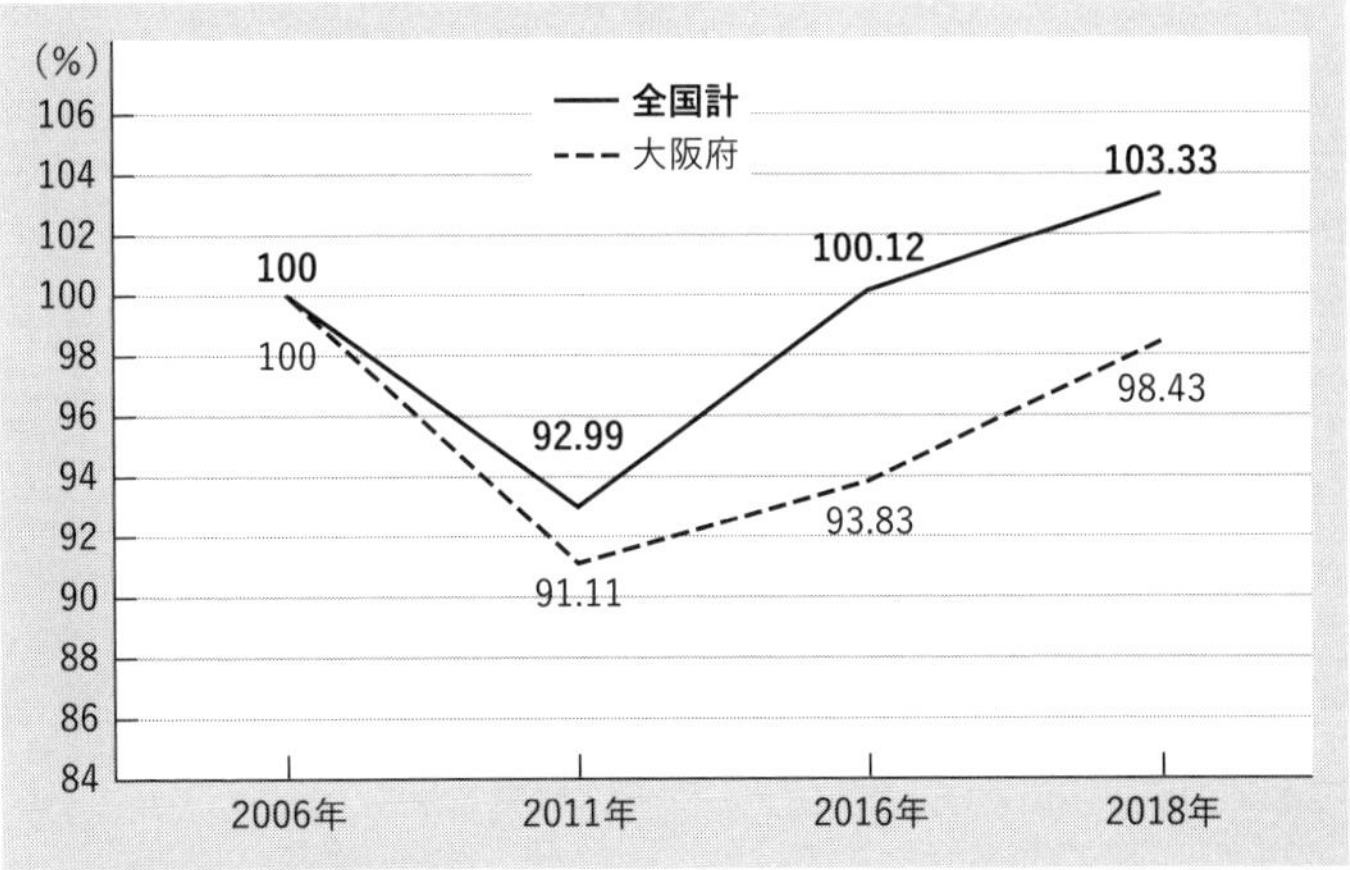

出典：内閣府「県民経済計算」

図6　新型コロナ禍の完全失業率

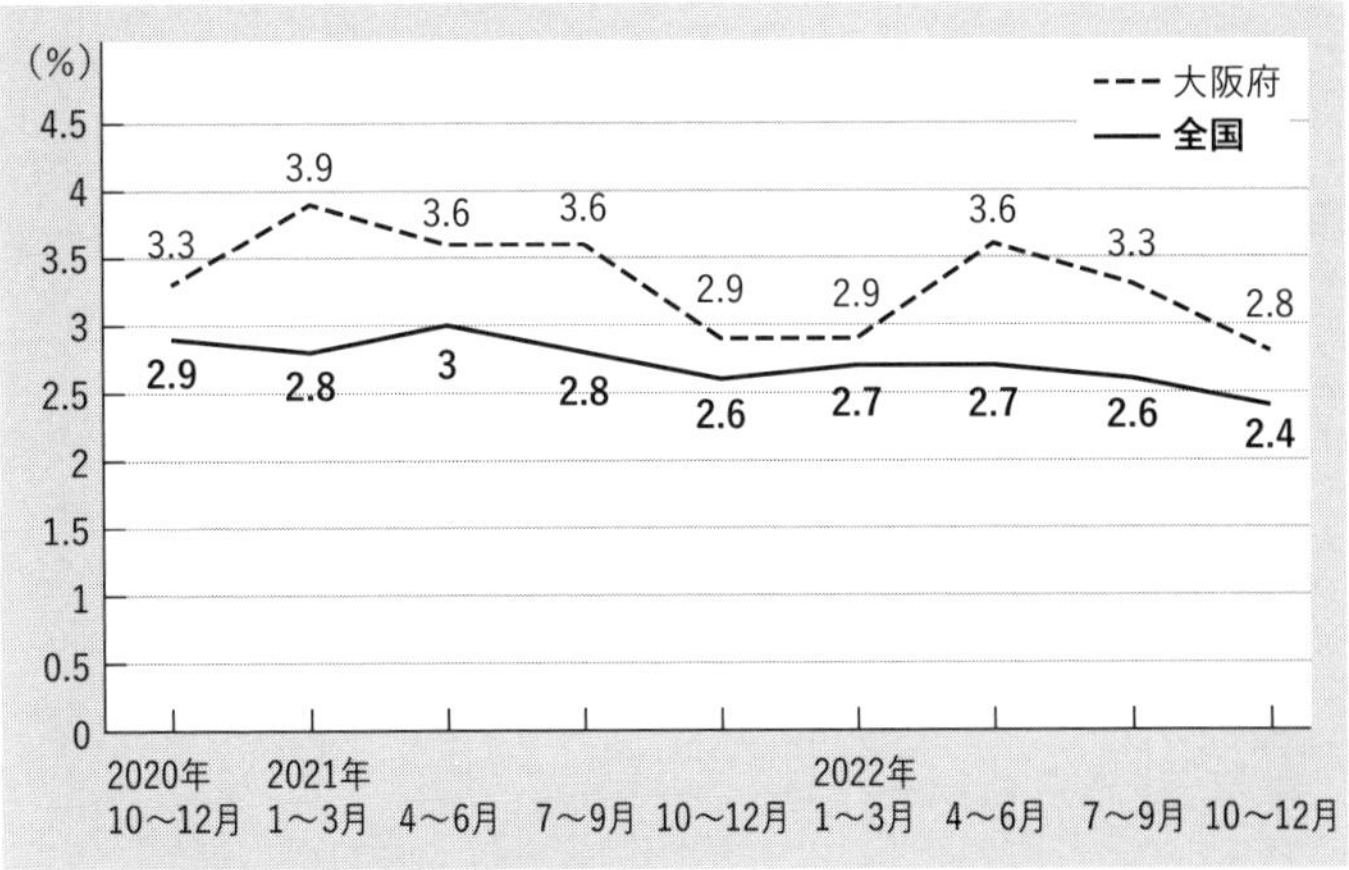

出典：大阪府「労働力調査地方集計結果」

側面を指摘すると視聴率が取れないから、維新を持ち上げるわけです。

負の側面、例えば「身を切る改革」というと自己犠牲のようなイメージを持ちますが、それは錯覚にすぎません。では、しわよせはどこに来るか。大阪市役所では非正規の職員が増えています。竹中（平蔵）さんがパソナの会長だったときに非正規の職員を市役所に送り出して、一体化していきました。

それから、公立病院や保健所の統合では、削減を行った結果、**図7**が示すように、新型コロナの死亡率は依然として日本一です。おまけに電機メーカーや医薬品メーカーの本社や工場が移転する中で、**図8**が示すように、大阪は生活保護率が一番高い。人口あたりの新型コロナ死亡率上位の都道府県は、同時に生活保護率が高い傾向にあります。つまり、貧困によって医療にアクセスできなくなっていく中で、死亡率が日本一になっている。いわゆる高齢者を切り捨てていくという新自由主義の負の側面を、大阪のメディアは一切報道しません。全国的にも、そうした傾向はあります。

結局、小泉さんはワンフレーズの「改革なくして成長なし」といって郵政民営化しましたが、それでどうして経済成長するのかが、実はわからない。「身を切る改革」をして公務員や公的機関を削減して、どうやって成長するかがわからないのです。

図7　人口100万人あたりの新型コロナ死亡数（2023年5月8日）

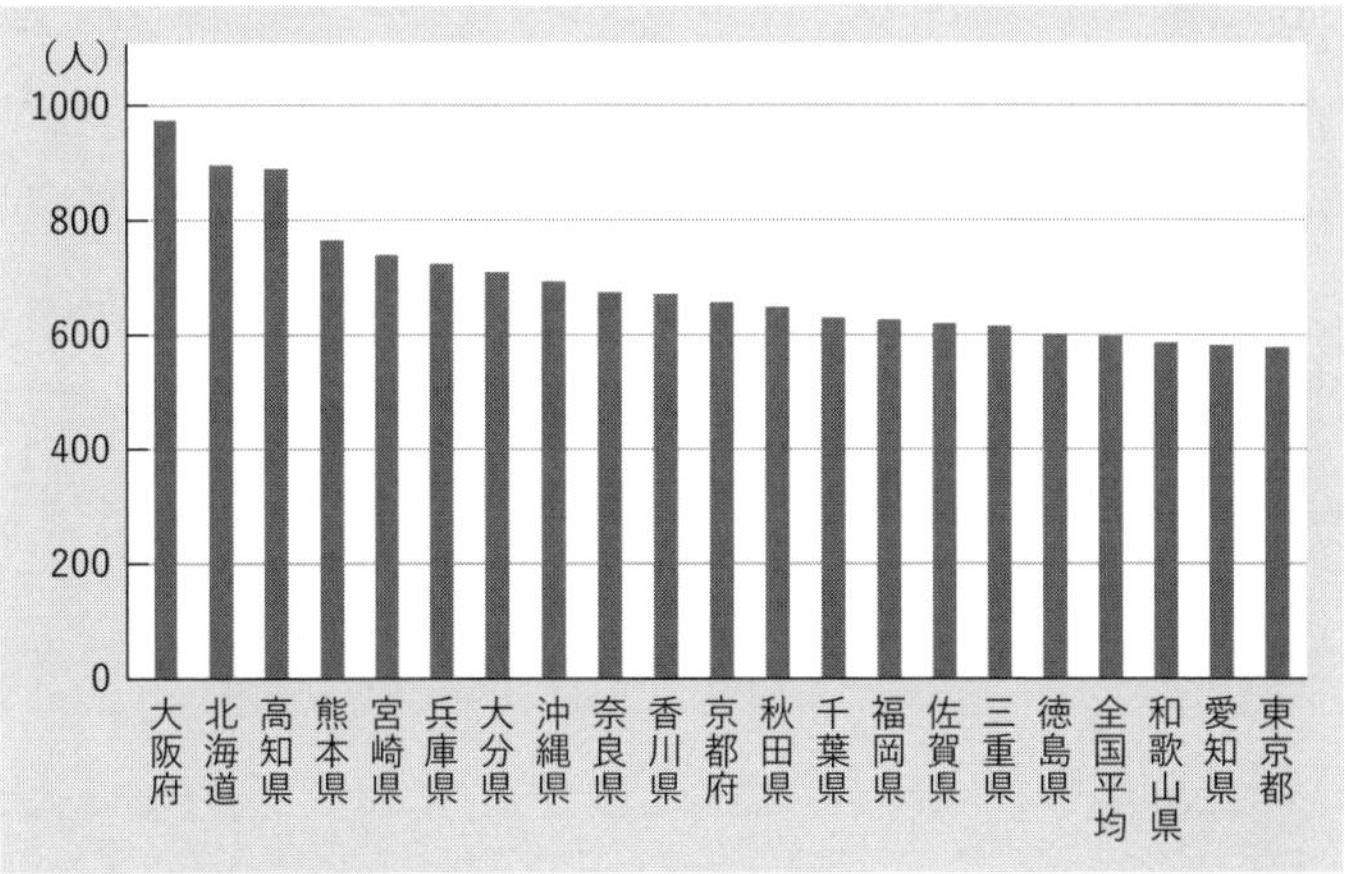

出典：札幌医大「都道府県別　人口当たりの新型コロナウィルス死亡者数の推移」

図8　生活保護率（2021年）

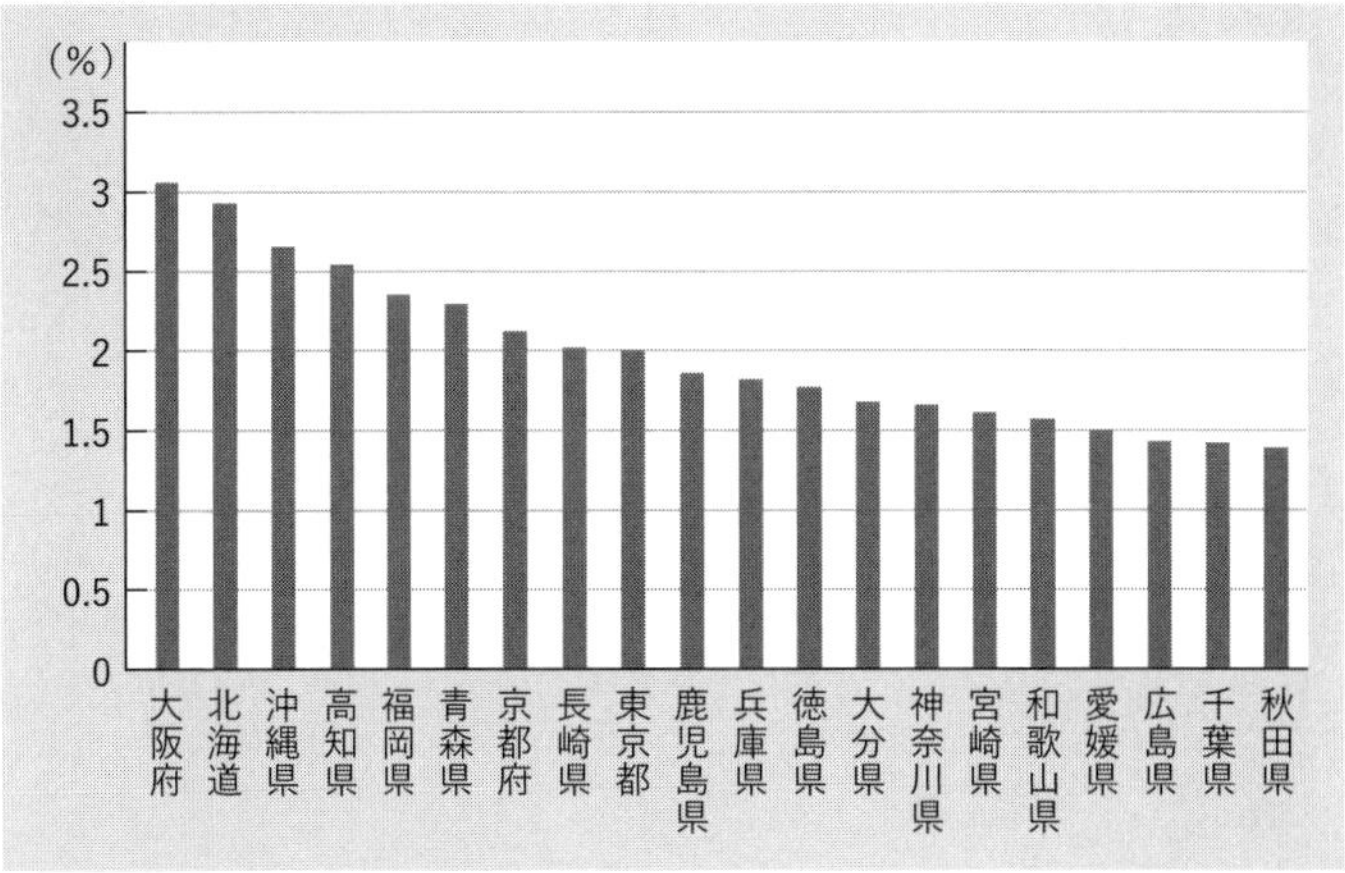

出典：厚生労働省「非保護世帯数の年次推移」

山田　経済が萎縮するというか、非正規化して民営化していくということは、安い労働者を増やしていくということです。そうすると、全体の賃金水準が下がってきます。公務員給与の一つの特徴は、上がっていくと全体の賃金ベースが上がるということでしたが、そこを徹底的に逆向きにしましたね。

金子　ポピュリズムなので、公務員叩きはわかりやすい。そして、いわば「イベント資本主義」のようになるわけです。具体的には、カジノ（ＩＲ）や大阪万博以外に成長戦略がないので、おそらく大阪はさらに破綻に近づきます。

２０２５年に開催予定の大阪万博は、夢洲《ゆめしま》の軟弱地盤に７９０億円もの税金が投入される。しかし50を予定している海外パビリオンには、現在のところ建築申請はゼロ（その後韓国が申請）。仮に申請があったとしても、建築費の高騰と人手不足で、従来の建設ビジョン通りにはいかないでしょう。開催すら危ぶまれています。

ＩＲも開設が遅れたことで、１兆円のお金のうちカジノ収入に依存していた施設費などを賄うことができないでしょう。おそらく横浜で大失敗したのと同じように多額の不良債権を生む結果になると思います。

山田　政府が大阪カジノを認可する方向の決定をしましたが、それに対して関経連、財界のほうから「こんなことで喜んではダメだ。今のビジネスモデルには問題がある」と心配し始めています。

金子　仮に実現したとしても、万博は２０２５年を過ぎたら、なにもなくなってしまうのですから、そうでしょう。ＩＲだって開業は早くて２０２９年です。大阪維新の経済政策の失敗により、大阪の経済が低迷している中で、さらに荒廃が進むことが懸念されます。カジノでギャンブル依存症になるのと同じで、こういう政策できちんと負の側面を報道しなくなっているメディアは、なんとなく小泉時代と似ています。維新の台頭とともに、大阪の失敗モデルが全国化されかねないと憂慮しています。

多くの国民はメディアが壊れてしまったこともあって、きちんとしたロジックでどう成長するのかという道筋を追いかけられなくなり、苛立っています。気分だけの成長戦略は不要です。みんな生活が苦しく、一つひとつを吟味するゆとりを失っているので、こういうことになっているのだと思います。

山田　一方で、維新はベーシックインカム（性別や年齢、所得水準などによって制限されることなく、すべての人が国から一定額の金額を定期的かつ継続的に受け取れる社会保障制度）といって、「我々も弱い人たちに対してきちんと目配りをしていて、社会全体を底上げする」といった政策を掲げています。

金子　維新が掲げるのは竹中平蔵式のベーシックインカムなので、貧困がさらにひどいことになります。それはなぜか。彼らは「ベーシックインカムを導入するために消費税や所得税を上げます」などとは絶対にいいません。ではどうするかというと、年金や生活保護などの社会保障のさまざまな給付を全部まとめて、例えば一律6万円、7万円を配るという政策なので、格差がかえって広がることになります。一律で6、7万円配ったら、あとはなにもしませんというのが新自由主義です。新自由主義的なベーシックインカムは、深刻な事態を招きかねないのです。

そこで、民主党政権のパクリである高校無償化を目玉にしましたが、大阪府民は無償でも、それ以外の地域人は有償で新たな格差を生んでしまった。また60万円を超える授業料は私学の負担にしているので、私学の反発を招いています。

山田　社会保障制度を壊して一律の低水準給付をすると、社会全体がものすごく荒れてしまいます。

金子　すごいことになると思います。先に述べたように、大阪は生活保護率が日本一で、維新のもとで大阪の地位はどんどん落ちているわけです。メディアはそれをきちんと報道しないし、正面からどうやって克服するかという問題を考えていません。そういう思考停止を全国化しようとしているのが、今の全国メディアです。ですから、私は非常に危険だと思います。

山田　そういう中で、IRや万博という大きな箱物、イベントものに頼っているわけですね。政策自体がカジノ依存症になっているというか……。

金子　問題は、全国メディアがこういう危機的な状況にもかかわらず、アベノミクスに対して一切批判しないことです。

山田　この章のテーマはアベノミクスですが、統一地方選で維新の議席が伸びたということは、アベノミクスを維持していく勢力が増えてきたということです。

金子　菅さんとは万博、カジノで仲よし、安倍さんとはアベノミクスで仲よしといった状態が長く続いてきたので、今起きている政府の政策問題は、そのまま維新も引き継いでいます。つまり彼らは、絶対にアベノミクスを批判しないということです。

植田日銀新総裁には期待を抱いたが……

金子　私が心配しているのは、植田さんが日銀の新総裁になったことです。新総裁が対応すべき課題については述べましたが、そうした課題を認識しているというより、政府・自民党との妥協で主張がどんどん黒田さんに逆戻りしています。「黒田のあとにまた黒田」ととられるような発言をしているのです。

例えば、「アベノミクスの結果、わりと経済が成長したからいいのではないか」あるいは「財政のツケがそんなに大きくはなかったのではないか」と。そうであれば、金利をすぐに上げろということになりますが、そこで「上げられない」と正直にいわないところは、黒田さんのときとまったく変わりません。

山田　日銀の新総裁候補として植田さんの名前が挙がったとき、もともと植田さんは黒田さんが行った金融政策に若干批判的だったので、そういう人が新総裁になればアベノミクスの見直しが起こるのではないかと期待感を持ちました。

就任直後は、新総裁になっていきなり見直しをするとショックを与え、自民党の反発を招くので慎重に事を進めているのではないかと思っていましたが、最近の言動をチェックしていると、わざわざ踏み込んで黒田さんの功績を評価しています。そういうことをいったら、もう政策の見直しはできないのではないかと思い始めました。

金子　私が気になっているのは、このまま行くとアベノミクスから抜けられなくなってしまうということです。「やめられない、止まらない」といった状態がどんどん進めば、リスクを溜め込むことになります。

山田　どうして、「やめられない、止まらない」のでしょう？

金子　以前からいっているように、国債の発行残高が1000兆円を超えていて、日銀がそのうちの590兆円（2023年8月）も抱えています。いざ金利を上げたとたんに、国債費はどんどん上昇するわけです。財務省は1％の金利上昇で2025年には国債費が3・7兆円増え、それ以降、さらに上がっていくとしていますが、これは成長率3％の試算なので実際は、もっと負担が増えるでしょう。国債の含み損も膨れ上がります。

山田　そうなってくると、国債の価格が下がってきて、新規国債を発行することが非常に難しくなります。新規国債を出さなければ、安倍派がいっているような積極財政ができません。ですから、国債を出し続けるため金利を上げてほしくないという圧力が植田さんにかかっているのでしょう。

金子　ゼロゼロ融資43兆円の返済期限が来ています。帝国データバンクの推計でも18万社ほどがゾンビ企業であると……。

山田　要するに、輸血で生存を維持しているような感じだということですね。

金子　この状況で金利を上げたら、いろいろな痛みが出てきてしまいます。新しい政策を行わなければならないのに、厄介なことから逃げているのです。その結果、これまで起きたように、金利を抑えれば円安にいってしまい、輸入物価が上昇します。円安が収まっても、金利が上がれば、今度はイールドカーブコントロールが破綻してしまう。

　このどっちつかずの状態が長く続いてどちらへ行くかわからず、矛盾は常に抱えたまま、1ドル146円、長期金利は0・65％（2023年8月末）まできているわけです。だから、なにかのきっかけで投機マネーがどちらかへ向かって、一気に攻撃をかけてくる状態であるということは疑いがないと思います。

山田　金融緩和をズルズルと続けていくということは、アベノミクスをそのまま継承するということに他なりません。

　植田さんはアベノミクスを少し修正するのではないかという期待があったし、あるいは岸田さんも就任直後の頃、新自由主義は少しおかしいので、これからきちんと所得再分配をするというようなことをいっていました。ですが、そういう路線ではなく、やはり財政も金融も安倍さんの政策を継続する方向に動き出している気がします。

金子　そうです。小泉政権のときわかったように、新自由主義と金融緩和をセットでやっても、日本の経済は一切成長しません。以前は輸出産業の稼ぎだけで低い経済成長率でもキープできましたが、今は輸出産業も衰退している状態なので、日本全体がどんどん衰退する一方です。

植田さんは、日本経済は成長しているといっていますが、金融緩和を続けたところで、実質賃金も上がらなければ成長もしない。実際に日銀が行っている調査の中に、潜在成長率というデータがあります。

山田　日本経済にどれだけ成長する力があるかということの一つの目安ですね。

金子　潜在成長率は東日本大震災で落ち込んだあと、２０１３年まで上がっていったわけです。ところが、アベノミクスが始まって以降は下がって、ほぼゼロに近いところにまで来てしまいました（**図9**）。

日本生産性本部の生産性上昇率の動きを見ても、ジグザグしながらどんどん落ちてきて

図9　潜在成長率の推移

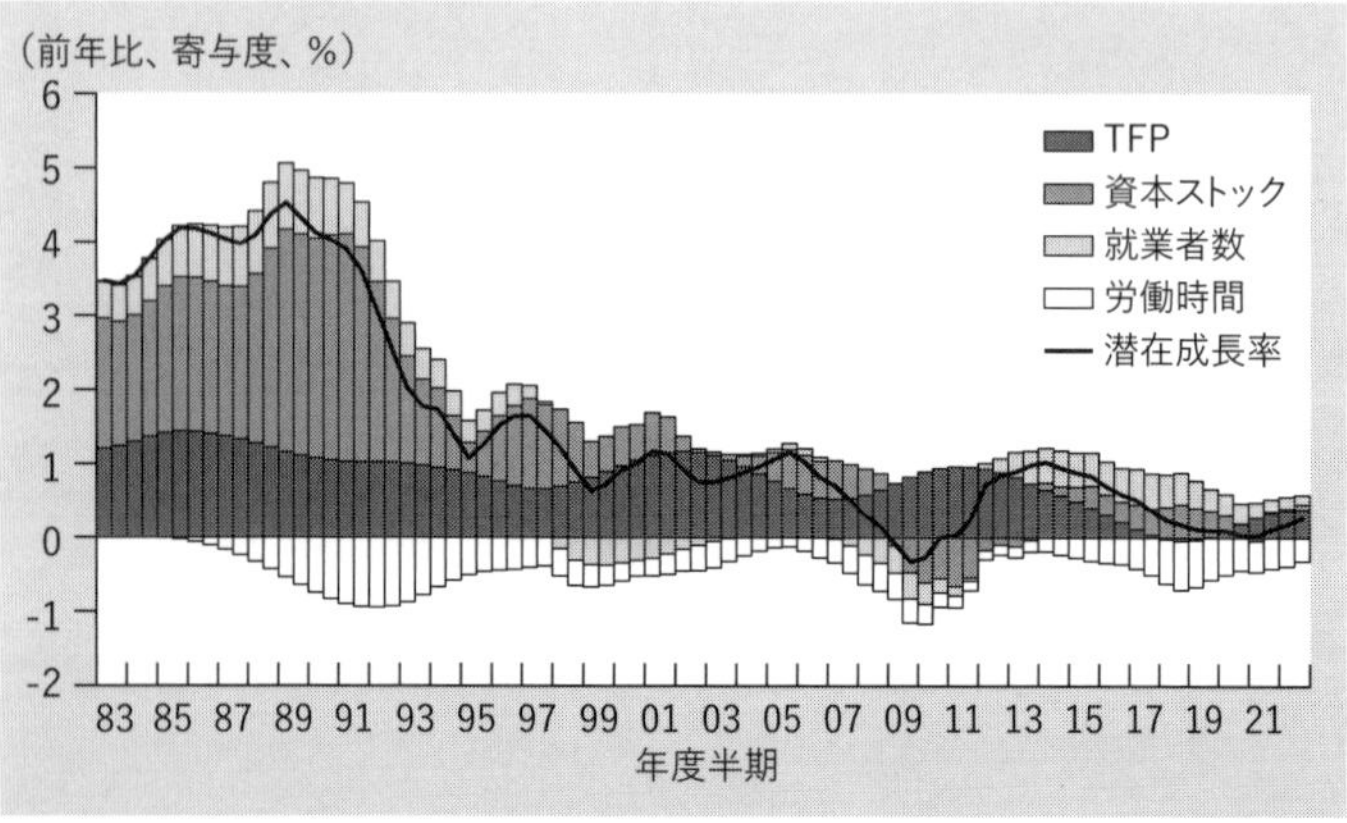

出典：日本銀行「需給ギャップと潜在成長率」2023年4月5日

います。それに合わせて、なんとか持ちこたえてきた名目賃金上昇率が持ちこたえられなくなって、下がってきている。円安で潤っている大企業だけ無理やり賃金を上げても、物価上昇をカバーできないという状態が続いているのです。金融緩和をしても経済成長がなく、賃金全体も上がらないということは明らかになっています（**図10**）。

山田　金融緩和は、企業に対する助け舟のようなもののはずでしたが、助けるということに慣れきってしまうと、自力がつかずに茹でガエルのようになってしまう。

金子　もともと一時的な金策だったのに麻薬中毒に近いような状態で、やりすぎて効果がなくなっているのが今の状態ではないでしょ

図10　生産性上昇率と名目賃金上昇率

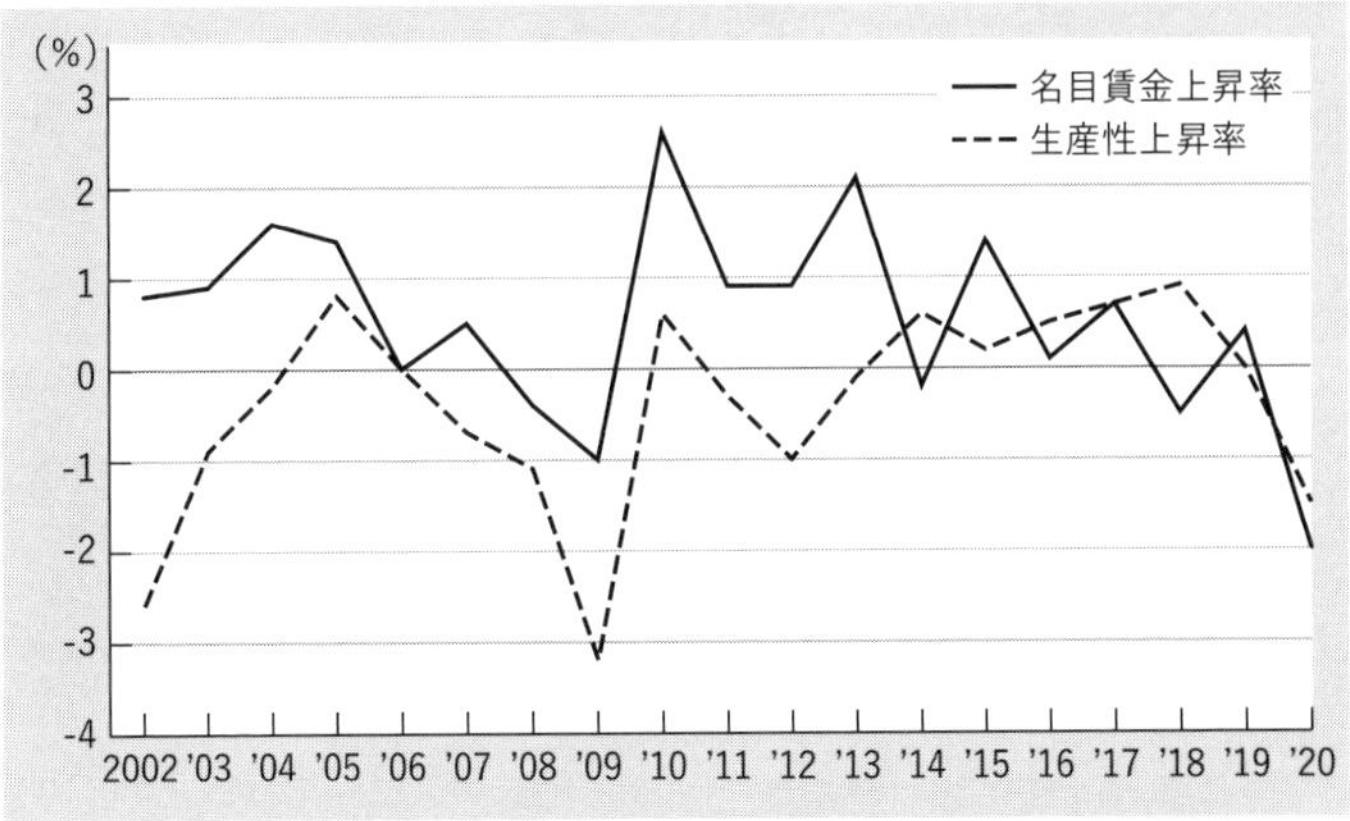

出典：日本生産性本部「生産性データベース」より作成

うか。

山田　金子さんは以前から、アベノミクスの麻薬が二つあったとおっしゃっています。一つは円安と低金利で、企業が弛緩してしまってもなんとか生きていける状況になったということ。もう一方で、財政の国債依存により財政や政治が歪んでしまったこと。この二つがアベノミクスの大きな問題で、これを正さなければいけないというのは、植田さんも岸田さんも心の中ではわかっているはずですが、いざ政権を取ったり日銀総裁になったりすると、それができない。

金子　アベノミクスのツケがあまりにも大きすぎて、動きが取れないのだと思います。それを正直にいわないで、事実上、劣化した政治家、特に安倍派の政治家と妥協し始めてしまうと、もはやなにをどうしていいのかわからなくなってしまうわけです。

金融緩和を続けても日本経済に展望はない！

金子　金融緩和、新自由主義を続けても、結局のところ政策効果がないことはわかっていただけたと思います。ところが、潜在成長率が低下してきているにもかかわらず、今度は防衛費を毎年10兆円以上も出すわけです。財政金融政策のマヒが、さらに進行していきます。やがて金利が上昇したときには破綻が今まで以上に大きくなります。リスクを溜め込んで破綻したぶん、負の連鎖は計り知れません。

山田　防衛産業、特にアメリカから武器を買ったからといって、日本の経済の刺激になるわけではなく、財政負担だけ増えています。そんなことをやっている暇が、今の日本にあるのかという話ですね。

金子　岸田さんは「新しい資本主義」というスローガンを掲げましたが、中身が空っぽになって、結局はアベノミクスそのものになってしまった。維新も同じ泥舟に乗っかっているわけです。その中で、どんどん産業が衰退しています。特に先端産業が衰退している。2022年度、つまり2023年3月末までの1年間で、過去最大の21・7兆円もの貿易赤字が出ています。このまま経常収支が赤字になった場合、財政赤字で日本の経済は破綻へと向かうことは明らかです。

山田　要するに、日本は外国のお金に頼らないと国内の経済が回らないという状況が起きてきます。もちろん、国債も外国の人たちが買うようになってくるということですね。

金子　投機マネーに荒らされる発展途上国のような経済危機になりかねないという道筋です。新自由主義も金融緩和もダメであるということははっきりしています。

もう一つ重要なのは、今の労働生産性低下の中で、実質賃金の継続的低下も長く続いているので、貧困と格差が激しくなるということです。これも新自由主義の政策では問題の解決にならず、むしろ状況を悪化させるだけだと思います。

山田　新自由主義は、どちらかというと優勝劣敗の思想です。

金子　未来への展望がない国で子どもを産むのは不安に決まっています。だから、日本の人口減少に歯止めがかからない。日本の2022年の出生数は80万人を下回って77万人になりました。約50年後の2070年には日本の人口が現在の7割に減少して、9000万人を割って8700万人になるという、国立社会保障・人口問題研究所の推計も出ています。しかし、その1割が外国人ということを含めて、おそらくこの推計も見通しが相当に甘いでしょう。私はもっと大幅に人口が減少すると考えています。

山田 ですから、急に外国人労働者を雇用しよう、技能実習生制度を見直そう、永住権を拡大しようと、取ってつけたような話が出てきています。ですが、何の受け入れ体制も、国民と同じように一緒に暮らす準備もないまま、労働力対策だけを考えている。今まで目をつぶっていたけれど、日本は衰退するという焦りですね。

金子 入管法改正の議論を見てわかるように、人権無視の強制送還が依然認められたままです。円安のうえに人権無視では外国人労働者も来なくなるでしょう。そして少子化の問題です。国民だって今の子育て支援はおかしいことに、次第に気づき始めています。その中で維新が一見中道右派に見えるようになったのは、高校の無償化があったからでしょうが、これもともとは民主党政権の政策です。しかも、私学の反対を無視してまで実施した。明石市は独自の少子化対策を実施して10年連続で人口増となるなど、維新への批判が強いことがわかったから、なんとかごまかそうとしています。

新自由主義の考え方からでは有効な政策は生まれてこないですし、金融緩和では少子化問題などを一切解決できないということです。

山田　そうですね。昨年（2022年）、次第に明らかになったのは、日本が成長しない経済になり、賃金は先進国の中で相当低くなったということです。23年になってようやく、人口減少が続いているということは、いよいよ日本は衰退に向かって非常に小さな国になっていくのではないかということがわかり始めた。明らかに衰退現象です。

にもかかわらず、防衛費に毎年10兆円もつぎ込んで、アメリカの兵器を買っています。そんなことをやっている暇があるのか。当然、財政が膨らんでくればアベノミクスの後遺症と同じく、のちのち負担が重くのしかかってきます。

アベノミクスでなし崩し的に増大していった防衛費

金子　防衛費の問題は少々見えにくくなっていますが、このまま年間10兆円がどんどん膨らんでいったとき、本当に財政、金融が維持できるのか、「岸田さん、植田さん、これで大丈夫ですか」と思わずいいたくなるほど中身がありません。

山田　これだけの費用を賄うためには、やはり裏で国債が必要になってきます。それは当然、「金利を上げることはまかりならん」という話になります。

金子　防衛財源の内訳を見ると、43兆円という金額は突然、上から降ってきたわけです。このうちの、いわゆる中期防衛力整備計画の5年分を引いた残りの17兆円をどう調達するかというのが、今回の防衛財源確保法案です。

その中身を見ると、防衛力強化資金が4・6兆円です。外国為替特別会計（外為特会）から3・1兆円出すといいますが、先ほどの話のように2022年度の貿易赤字が21・7兆円で、もし経常赤字になってきたときに、このような形で外為特会の無駄遣いをずっと続けて大丈夫ですか？　という話です。

山田　日本は黒字国なので大丈夫というときだったらまだしも、それが赤字国になるときに外為特会の目的外使用をして、自国の通貨を安定させるためのお金を浪費してしまっていいのかということですね。

金子　これから10兆円出すのに、この防衛力強化資金の中で財政投融資や新型コロナ対策の予備費、国有財産の大手町プレイスの売却収入などがあり、他に決算剰余金3・5兆円、歳出改革３兆円、建設国債１・６兆円と、すべて問題があります。一番問題なのは、この防衛費の膨張は、赤字国債を使ってまったく国会のチェックが利かない予備費や基金を意図的に膨らませて余らせる手法が用いられていることです。これでは防衛費が伸びていくことに関する国会のチェックがまったくないのと同じです。

他方で、歳出から見ると、後年度負担があります。これは、武器を購入したとき、単年度では決算できないので、分割して支払うというものです。後年度負担は、実は安倍さんがやってきた政策です。２０１３年の段階では３兆円程度でしたが、２０２２年段階では６兆円近くになっています。ＧＤＰ１％の防衛費が守れなくなってきたのはなぜかというと、後年度負担が膨らんで次々とツケが回ってくるからです。

防衛費の増大は安倍政権のコア政策の一つで、防衛費をじわじわと増やしていく。しかも、国会のチェックが利かないお金が背後にあり、なおかつ後年度負担でなし崩し的に拡大していきます。

実はウクライナ戦争や台湾有事は、取ってつけたあとづけの理由であり、２０１３年からこの路線は決まっていました。これが、アベノミクスの正体です。

山田　配備計画が停止になったイージス・アショアが典型だと思いますが、わけのわからない偵察機やさまざまなクズのような兵器をたくさん買って、そのあとの財政が膨らむことがわかっていながら、そうなれば防衛費のＧＤＰ１％枠が自然に破れるといったことだったわけですね。

金子　台湾有事もあとづけの話で、実際はすでにその前から武器などを買っています。アメリカがそこまで要求はしていなかったのに、喜んで２０２７年度には防衛費をＧＤＰ２％に増額すると決めて、バイデン大統領が大歓迎した。

山田　しかも、ミサイルはアメリカがつくるはずだった計画を日本が肩代わりする。このようなことをしている財政状況ではないと思います。

金子　少子化問題もあり、産業政策は立ち行かなくなっていますし、大学ファンドなどはお金儲けで研究費を出そうとしますが、だいたい破綻します。しかも、きちんとした公正なルールがありません。ですから、教育や福祉に使わなければならないお金が、すべて防衛費の年10兆円に消えていくわけです。

山田　一般の人にどういう分野に予算を充てるべきかアンケートしたことがありますが、上位に上がったのは子育て、教育、防災対策です。ですが、実際にやっているのは防衛費増額です。アンケートで防衛費を挙げた人はゼロだったのに、必要ではないと考えている分野に予算がついてしまった。それがきちんと議論されてないところが、最大の問題です。しかも、これが後々、日本経済と財政に深刻な影響を及ぼすわけです。

金子　結局、経済が行き詰まったときに軍事や戦争、ナショナリズムに突っ込み始めるのは危険な兆候で、これに歯止めをかけなければいけません。「なにかおかしい」と思って漠然とした危機感を持っている人はいますが、具体的にそれがどういうものなのかがつかめていないのです。

「新しい資本主義」とはとどのつまり「新しい戦前」なので、戦争の前になにが起きたかということをもう一度振り返ってみると、１９３６年に二・二六事件が起きて、テロの時代になります。１９３７年には日中戦争が始まるのを契機にして、臨時軍事費特別会計ができるわけです。臨時なので、戦争が終わる１９４５年まで一度も決算をせず、ずっと国債で財源を調達していくうちに負債が大きく膨らんで、第二次大戦が終わったあとにハイパーインフレ（物価が短期間で数倍になるなど急激にインフレになること。「悪いインフレ」）になってしまった。

山田　非常時の劇薬だといっているのに、劇薬がいつの間にか日常化してきた。まさに、アベノミクスの金融不安もそうです。気がついたときにはやめられなくなって、最後は破綻への道が待っています。

予備費や基金はマネーロンダリングの手法である

金子　一見、それを防ぐような形で問題を組み立てながらも、事実上同じように歯止めが利かないような処置を予備費や基金を使ってやっているのが現在です。戦前の臨時軍事費特別会計と非常に状況が似てきているのを危惧しています。

山田　予備費や基金は、マネーロンダリングの手法だと指摘されています。

金子　こういう事態は戦前も同じで、誰も気がつきません。いつの間にか歯止めが利かなくなっているので、引き返せないのです。今はそれに近い状態に入り込んできている。原発と同じですが防衛費も、赤字国債で防衛費を膨らませてはいけないという太平洋戦争の教訓を形式的に踏まえながら、迂回して国会のチェックがまったく利かない予備費や基金を大きく膨らませ、余らせている。ここから決算剰余金3・5兆円や歳出改革3兆円を捻出して、どんどん防衛費を増長させているのです。

山田　国家経営の原則が完全に破綻してきたということですね。赤字国債を出してはいけないということは戦争の教訓で、これだけはきちんと守って健全財政にしようといっていましたが、自分のところで赤字国債をつくって、毎年のように「臨時だ」「一時的だ」ということをやりながら常態化し、それでも足りないので基金や予備費をつくってお金を調達することがまかり通っている。

金子　気がついてみれば、ハイパーインフレに近い状態に向かって突っ込んでいる。

山田　そういう方向に踏み込んできたということですね。

金子　国会のチェックが利かないという意味では、外国為替特別会計もそうですし、それから財政投融資も同じです。そういうところにかなりお金をつぎ込んでいこうとしています。これらを余らせて財源をつくり出す。国会のチェックが利かないお金で防衛費を増大させていくという路線は、国のあり方として非常に危ないと思います。

山田　戦争もしていないのに、こんなに防衛費が必要なのかと思いますが……。それだけではないのですね。そういう形で財政を歪めている。チェック不要のお金をどんどんつくって、それは経済的破局を食い止めたり、あるいは少子化や産業政策のためには使わない。いわば究極の国家的無駄遣いをしているということですから、まさに破局を加速しているとしかいいようがありません。

金子　歯止めなしのなし崩し的な防衛費拡大という方針の決め方が、今の日本を象徴していると思っています。一部の有識者会合が勝手に決めて、それで安保三文書（国家安全保障戦略、国家防衛戦略、防衛力整備計画）を書き換えてしまう。先制攻撃とはなんなのか、どういう防衛力が必要なのか、どういう財源が必要なのかといったことについて、国会でまったくチェックしていません。ですから、防衛省のお抱えで都合のいいメンバーを集めて勝手に方針を決め、しかも財源はほとんどチェックがないままやっていく。本当に恐ろしいことだと思います。

山田　たしかに、「防衛費は国債で出していません。せいぜい建設国債だけです」といいますが、予備費から充当しています。予備費とはなにかというと、国債で出しています。結局、回り回って国債で防衛費を支えているのと同じです。

金子　メディアは、２０２２年度の税収が71兆円と過去最大になり、そこから決算剰余金が出ているとウソをついています。ノンアフェクタシオンの予算原則で個別の税は個別の支出項目と結びついていません。そもそもプライマリーバランス（基礎的財政収支）さえ達成されていないのに、決算剰余金など出るはずがないのです。22年度は予備費が11・76兆円もあり、予算を計上されながら使われなかった不用額も11・3兆円で過去最大になっています。決算剰余金2・6兆円がここから出ているのは明らかです。
インフレ下で139兆円（補正予算を含む）の巨額予算を組めば税収が増えるのは当然です。しかし、税収だけでは予算の半分しか財源を調達できません。決算剰余金は赤字国債のあとに出てくるものを前取りしているだけなので、結局、その中には赤字国債がかなり含まれています。ごまかしです。

山田　国債を発行して防衛費をどんどん積み増しているのに、日本がこれから取り組まなければならない問題はそこではなく、少子化であり国民生活を充実させること、かつ防災体制をつくることです。そこにお金が回っていないのは残念です。

金子　ナオミ・クライン（カナダのジャーナリスト）の話ではないですが、新型コロナという危機便乗型の『ショック・ドクトリン』（ナオミ・クラインが2007年に著した書籍。惨事便乗型資本主義＝大惨事につけこんで実施される過激な市場原理主義改革）のようなやり方です。予備費はもともと災害やその他の非常時に、国会のチェックがなくても緊急で使うことができるお金です。未曾有《みぞう》の被害をもたらした東日本大震災（2011年）のような非常事態のときでさえ、その翌年、2012年度の予備費は2兆円でした。

にもかかわらず、２０２０年度から22年度の予備費は３年間で30兆円を超えます。ろくな政策を講じてもいないのに、です。いかに不自然な形で予備費が膨大な規模になっているかがわかります。

山田　震災のときにこういう形で２兆円も使えたのであれば、適当に理由をつけてたくさん予備費を確保しておくことで、国会の審議なくして勝手に使えるだろうと、そのお金を防衛費に回すわけでしょう。こういうあくどいやり口を覚えて、まさに金子さんのおっしゃるようにマネーロンダリングですね。

すでに財政規律は崩壊している

金子　いくつかのメディアが、予備費についてそれなりに検証しています。すでに財政規律は崩壊しているといわれていますが、会計検査院の２０２１年度の決算報告を見ると、新型コロナ18事業のうち、法律違反があるのが10事業。未執行が約18兆円です。約１０７兆円の予算（２０２１年度）全体で考えると、２割弱を使っていないのは異常です。そういうものを予備費で設定しているのはおかしい。そのうち、実際に繰り越しが13兆円あり、不用で国庫に返納が4・7兆円あると会計検査院はいっているわけです。

これに加えて、2022年4月22日付の日経新聞では、新型コロナ予備費12兆円のうち、9割以上がどのように使われたのか、具体的な使途が特定できないと書いています。つまり、まったくチェックがなかったということです。同年12月1日付の日経新聞では、13ある特別会計が毎年平均で8000億円程度の余剰金を常に持っているとも書いている。

さらに、2023年3月10日の東京新聞では、12省庁で176の基金があるうち27の基金がまったくの休眠状態で、この基金の残高が約13兆円弱、つまりお金がそこにたまり込んで、省庁が勝手に使っていると報じています。

山田　へそくりですね。そうすると、へそくりを吐き出せという話になりますが、結局、それは防衛予算に貢ぐという形になっている。

金子　なんの目的で基金をつくり、なんのために予備費があるのか……。本来の財政チェックがまったく効いてないのが今の状態だということです。

山田　本当に、国家経営として大問題ですね。そういうことを許しているのも、ずるずると国債が発行できるような金融緩和が長く続いたからでしょう。いってみれば、アベノミクスがそういう仕組みをつくって、規律がない財政運営ができるようにしているということです。規律を締めつけるとズルができなくなってしまう。

金子　アベノミクスで、なし崩し的な後年度負担で防衛費を増やしていって、ウクライナ戦争や台湾有事をあとづけの名目にし、臨時軍事費特別会計のようなやり方はいけないといいながら、形を変えて似たようなことをしています。このままでは、取り返しのつかない事態を招くと思います。

山田　そういうことをしていて、行き着く先はどこになるのか。

金子　国内的なリスクと国際的なリスク、大きく分けて2つの終着点があると思います。維新のような新自由主義はまったく期待できないとして、このまま岸田・植田コンビがアベノミクスを継承する大規模金融緩和の路線を進めたとき、はたしてどんな結末が待っているのか。破局、あるいは破綻への道筋を考えてみましょう。

カタストロフがたどる道筋

金子　国内的には、このまま経済不況の中で防衛費を膨張させていくと、結局、国債の累積は止まらなくなり、泥沼のような日銀の金融緩和が今後も続くことはもはや避けられません。今の状態でもリスクは大きいというのに、国債の価値低下と金利上昇の圧力が同時に来たときには、政府財政と日銀の破綻というか信認の崩れ方は、相当ドラスティックになってしまう可能性が高いと考えています。

山田　そうならないように植田さんが日銀総裁に就任したのではないかとみんな期待をしていました。しかしながら、植田新総裁はおそらくこれだけの大きな圧力に抵抗しきれないような雰囲気が出てきています。

金子　国際的に大きなリスクは、産業の衰退と貿易収支の赤字が膨張していることです。2023年5月の経常収支は約1・9兆円の黒字でしたが、貿易収支は約1・2兆円の赤字です。この先、自動車産業などが勢いを失って貿易収支の赤字がさらに膨らみ、経常収支が赤字になったら、いよいよカタストロフへの入口です。

山田　自動車産業がこれから大丈夫なのか。ＥＶ化、自動運転の分野で完全に日本は乗り遅れています。自動車産業に今のような勢いがなくなったとたん、日本の貿易赤字構造は一気に加速していくでしょう。

金子　世界的に電気自動車は、ＢＹＤとテスラにやられっぱなしです。アメリカはそれに危機感を持って、国内市場の中で日本車はすべて補助金を排除、中国車も補助金を排除されています。

イノベーションが遅れている日本のＩＴは貿易赤字が４・７兆円、医薬品は４・６兆円の赤字です。しかも、エネルギー転換が全然進まないため、化石燃料の輸入は35兆円を超えるすごい金額になっています。最後に残った「自動車一本足打法」も、日本のメーカーのＥＶ化が遅れていることを考えると、相当に厳しい状態がやってくると予想できます。

山田　今まで経常収支は黒字でしたが、これが赤字に転換してしまうと、これまで利子配当や所得移転で入っている投資の上がりで維持してきた日本経済も赤字になっていくということですね。

金子　先端技術で遅れが出ると、海外立地した企業の収益も減ってきます。超低金利で日本の中で投資する先がなければ、金融機関の海外投資もバブルが崩壊してしまい、損失が膨らみます。やがて経常赤字になると、途上国型のキャピタルフライト（資本がある国から別の国に逃避すること）が起きて、日本からお金が逃げてしまいます。そうすると、金利は上がり、円安はひどくなって国債の信認が崩れるという道筋です。

山田　国債の信認が崩れるということは、日本の通貨である円の信認も崩れてくる可能性があります。

金子　植田新総裁はのどかなデフレに逆戻りするといったシナリオを語っていますが、我々は今、最も大きなリスクを取り除いて、オルタナティブ（「代替案」という意味）を考えていかなければなりません。

一つは、エネルギーと食料の自給率向上が早急に求められます。科学技術を育てていくのには時間がかかり、その間に貿易赤字になって経済が破綻してしまったのでは手遅れだからです。この破綻を未然に防ぐためには、エネルギーと食料の輸入を減らしていくという政策が非常に有効になってきます。

今の状態でいえばウクライナ侵攻が長期化し、米中EU間の分断化がひどくなってくるので、輸出がなかなか伸びません。おまけに、中国バブルがすでに崩壊している中で、欧米もバブルが崩壊することになると、世界経済全体が非常に不況になります。そうすると、日本は貿易赤字の深刻さから立ち直れない可能性があります。そうなったときでも冷静に対処できる政策が必要だということです。

海外バブルの崩壊が起きてしまうと、金融から見た所得収支もやはり悪化します。そうなったときには、財政赤字を国内でファイナンス（資金調達）できなくなり、海外から資金を仰がなければならなくなります。経済政策はなにより最悪のリスクを回避することを優先しなければなりません。

山田　日本の中で自国の財政赤字を支えられなくなると、外国のお金を入れなければなりません。これによって少し局面が変わります。他の国から借金しているということになるので、政策のやり方も違ってきます。

金子　政府財政や日銀の信認が崩れてしまえば、外国資本による好き放題の投機が起きるリスクは非常に高まるのです。

山田　東芝が外国人投資家に絡み取られて身動きができなくなったのと同じように、国家経営も外国の投資家を意識せざるを得ないようになるかもしれません。

金子　あとは日本版オリガルヒの解体にも早急に手をつける必要がある。今は自民党の周辺にいる電力やガス、三菱重工をはじめとする軍事産業、あるいはマイナンバーカードに巣食うＪ－ＬＩＳ（地方公共団体情報システム機構）のＩＴ企業などの取り巻きで、利益を回すような構造になっています。まずはこれを解体して、対外ショックに強い体質になることが求められています。ショックアブソーバーのように地域分散型で内需を厚くして、自立する経済体質に変えていかなければなりません。

山田　大艦巨砲主義の原発ではなく、アメーバのような形の再エネを張り巡らせていかなければならないでしょう。

金子　そのためには、蓄電池やＩｏＴを使ったグリッドシステム、先端技術をどんどん入れていって、地方のＩＴ企業を育てていくことが必要です。今、日本の科学技術は壊滅的といえるほど落ち込んでいるので、これをすぐに立て直すのは容易ではない。まずは人への投資が必要なわけです。本来なら教育や研究にお金を投じなければいけませんが、これには時間がかかります。

　貿易収支を改善するためにはエネルギー、食料の自給率を高め、同時にショックに強い体質をつくるといったことをやりながら、人へ投資することでもう1回、科学技術を復活させていく。その間に国民が生活できなくなっては困るので、非正規労働者がたくさんいる状況では、最低賃金を劇的に上げることも必要です。ベーシックサービスになるような教育や住宅といったところで生活保障をしていきながら、安心して立ち直っていくという政策を組まなければなりません。しかし、一方で自公維新は新自由主義のようなことをいっているのだから始末に負えない。

50年周期の節目にあたる危機なので、まずは最も大きなリスクから取り除いていくオルタナティブの取り組みが最も有効であることは間違いありません。新自由主義や金融緩和では絶対に成長しないし、経済が復興することはあり得ないと思っています。

山田 そういう意味で、やはり国債の乱発をやめていく。さらには、日本の経済成長と関係ないようなアメリカの兵器爆買いはやめて、大切なお金はベーシックサービスや教育、子育て、少子化対策などに充てていかなければなりません。

金子 人口が減って経済が破綻するのも有事です。人口とのバランスを取らなければならないので、保守的な人に百歩譲ったとしても、身の丈に合っていない防衛費だけを増大させるのは、まったく意味がありません。そういうことは今すぐにやめたほうがいい。

山田 このままだと、日本は行ってはいけない方向に進んでいってしまいます。

金子 私は、安倍さんの亡霊に引きずり込まれていると思っています。

第5章

バブルは崩壊の前兆

〜そして滅びのカウントダウンが始まった！

かつてのバブルと今起きている「バブル」はまったくの別物

山田　「バブルは崩壊の芽～そして滅びのカウントダウンが始まった！」この章では、そのテーマについてじっくり話を聞きたいと思います。やはり日本は末期症状ですか。

金子　33年前のバブル期のように、株価が異常に上がっています。日経平均株価は一時3万3000円を超えました。さらにすごいのが不動産で、2023年上半期（1～6月）首都圏のマンションの平均価格は8873万円と、とても普通の人には買えません。22年12月には5556万円だったので1・45倍の値上がりです。ちなみに23区内のマンション平均価格は、1億2962万円と1億円を大きく超えています。

中国人投資家がかなり買っているといった噂は聞きますが、いったいこれは本当にいい兆候なのか疑問です。

山田　新型コロナ禍もようやく落ち着いて、いよいよ日本経済が沸き立ってきたといわれています。

金子　しかし、よく考えてみてください。33年前のバブル期は「ジャパン・アズ・ナンバーワン」で、産業がすごく伸びて貿易が黒字になって戻ってきたところでした。しかし、現在は2022年度の貿易赤字が21・7兆円で、円高で日本買いがすごかった33年前のバブルとはまったく違い、円は売られて23年8月末で1ドル147円台に乗っています。

さらに超低金利で、逆に日本は買い漁られているのではないでしょうか。円が安くなれば、外国人から見ると株価も不動産も割安です。しかも中国は深刻な不動産バブルの崩壊が起き、欧米諸国では金融不安が出て、スタグフレーションのもとで金利が上がっているわけです。それに対して、日本は金融緩和から抜けられません。足元を見られた「バブル」になっているんです。

山田　一見すると同じような現象が起きていますが、1980～90年代にかけて起きた以前のバブルとはまったく経済状況が違います。

金子　株価や不動産価格が高騰しているので「バブル再来」という人もいますが、その中身は当時と真逆です。実質賃金は上がらないし、一人あたりのGDPも下がっている。バブルと呼べるような状況ではありません。

山田　あのときは上り調子でピークまで来ましたが、今は経済の衰退が著しい。

金子　日銀のスタンスが、この間ずっと足元を見られ続けています。2021年から始まって、黒田さんの日銀総裁の任期が終わる直前の22年12月まで、「黒田日銀は（今の状態から）抜けられないだろう」というので、投機マネーに国債を売りまくられました。投機筋は空売りや先物を含めて国債を売り浴びせて国債の値段を落としていけば、日銀がその国債を高値で（0・25％の誘導金利まで）必ず買ってくれるので、こんなに簡単に儲かる話はありません。それと同じで、今の植田日銀総裁がやろうとしている政策は、金融緩和から抜けられないとわかっているのでバブルでいきましょうということです。

投機マネーもそうですし、アメリカの投資家であるバフェットが三菱商事のマネーを買うのですが、これも60年超の原発を動かして化石燃料に依存している日本の政策が古いという足元を見て、円安で三菱商事はしばらくの間、利益があるだろうというので買ったということです。それがきっかけになって、日本の大企業も自社株買いなどで乗っかり、バブルが次々と来ています。

しかし、33年前のように「日本はこれから成長する」と、持続的に投資しようという対象ではありません。政策が柔軟性を失っているので、ある意味で日銀の行動が読みやすくなったためのバブルだということがいえます。

山田　このバブルは、日本株をこれからもしっかり持ってくれるというより、利益が出たらすぐに売られてしまうという性質のものですね。

金子　この章のタイトルに「滅びのカウントダウン」とつけました。なぜかというと、このバブルが崩壊したとき、金融機関だけでなく、株式の含み益を吐き出し、国債の含み損が表面化して日銀信用をも崩壊させるからです。

さらに、これから財政赤字の膨張がひどくなり、これを国内の資金でファイナンスできなくなるような状態、つまり貿易赤字だけではなく経常収支が赤字になったときに、日本はもしかすると崩壊するかもしれません。滅びに向かっていくのを防げないまま、そこへ突っ込んでいく状態になりはしないかということが、私の問題意識です。

山田　財政赤字の補塡が困難になり、経常収支が赤字になる。この二つが噛み合ってくると、日本が滅びるということですね。

金子　前にも述べましたが、日本の国債を日本国内の資金で賄うには、経常収支が黒字でしかも民間貯蓄がある程度あれば、赤字が大きくても国内でファイナンスできます。ところが、両方はもちろん、どちらかが減ってくると、国内で国債が消化できなくなり、外国人に国債を買ってもらわなければいけなくなります。そうなった場合、いきなり財政危機にはなりませんが、外国人投資家がある瞬間に売ってしまうと、デフォルトがあちこちで起こりますし、現実に起きてきたわけです。

財政赤字が膨らむ最大のきっかけは、ごまかしによる防衛費の増額

山田　財政赤字は、どんどん増え続けています。一方では、日銀が国債を買い、日本の一般の投資家が一応、財政赤字を支えているという形になっていますが、日本人には支えきれなくなって外国の資金に頼るようになると、これは危険水域に入ります。

金子　外国人が「日本政府の政策が悪いので売る」ということになれば、株を売った瞬間に円も国債も同時に売られてしまうので、破綻するシナリオがいくらでも考えられます。そういう状態が起きなくても、株式市場が非常に不安定になるわけです。政府の財政信用に対する信頼度が低くなると、金融市場も不安定になってくる。日本は、そういう状態に入りつつあるということです。

山田　政府の財政赤字が、どんどん膨らんで止まりません。

金子　その最大のきっかけは、防衛費の倍増です。43兆円の資金調達のあり方と防衛費の

伸び方が国民に見えにくく、ごまかしています。赤字国債で防衛費を賄えば、戦争と同じなので非難の対象になりやすい。増税でやるというと、国民の反発を食うわけです。どうやってごまかすかというと、前章でも述べたように、国会のチェックが効かない予備費を２０２０年から２０２２年の３年間で30兆円も増やしています。

山田　いわゆる国債のマネーロンダリングですね。

金子　国債のマネーロンダリングというのは、まずは赤字国債を発行して、そのお金で予備費を膨らませて余らせるという手法です。

山田　２年ほど前に大きな問題になりました。要するに、財源は赤字国債ですが、それで予備費をたくさん積む。それは国会の審議を経ずに、政府の判断だけで使えるお金で、普通は災害が起きたときなどに当座のお金を用意しておくというものですが、日本の場合は毎年10兆円規模の予備費をつくってしまったということです。

金子　東日本大震災のとき、２０１２年の予備費でさえ2兆円です。重複もありますが、これが20年から22年度は毎年約10兆円で30兆円にも膨らんでいます。しかも、日経新聞などの報道では、新型コロナ対策の予備費12兆円のうち９割以上が使途不明で何に使ったのかわからないわけです。それを異常に膨らませてお金を余らせ、決算剰余金という形で防衛費を捻出しようとしています。

山田　予備費という金庫から、いろいろな予算項目に支出したわけですね。例えば、どのような項目に支出されたわけですか。

金子　透明性のない中で、一番多くお金が流れているのは基金です。

山田　基金というのは、各官庁で自分たちの政策を実施するために、単年度予算では足りない分のお金を貯めておくためのプールですね。

金子　ガソリン補助金も基金から出ています。経産省の外郭団体である石油協会にどんどんお金を貯め込むわけです。政府はそのガソリン補助金を2023年度末まで延長することを決めましたが、そのお金は、歳出改革として防衛費に回される可能性があります。補助金が延長されれば、石油元売りの在庫評価益もさらに膨らむことになる。

問題は、赤字国債を発行しなければ、予備費を膨らませることができないという点です。ところが、あらかじめ赤字国債を発行して予備費を膨らませ、予備費が余ったら半分は国債費の減額に使いますが、もう半分は余ってしまいます。結局、赤字国債を発行しているのですが、予備費を経由すると直接的には赤字国債ではないように見えるわけです。予備費を経由して基金に振り込むから余計にわからなくなる。それで、私はマネーロンダリングだといっているのです。

山田　仮に43兆円の防衛予算が必要だとして、その財源はどうするのか。国債を出すわけにいかない、増税するのもいやだ。従来の予算を見直して、財政改革で引っ張り出しますといって出したお金が、元をたどると国債であったという話です。

金子　余らせた基金の元をたどっていくと予備費で、その前は赤字国債であるというまやかしです。

山田　マネーロンダリングで、結局は国債が防衛費に回っている。

金子　ある意味で国民を欺いて、見えなくしているわけです。赤字国債で防衛費を捻出するというと、「戦争と同じで問題ですよね」ということになります。増税は国民の負担になるのでいやだという話になるので、このようなごまかしを駆使するわけです。

防衛費を増やすときも、後年度負担というごまかしです。予算は単年度で執行するものですが、例えば自衛艦をつくるとき、最大５年のローンの分割払いにして、最初は頭金を支払うだけで徐々に負担が増えていくという支出のやり方です。

山田　首脳会議で来日したトランプ前大統領が、「晋三はどんどん兵器を買ってくれる」と、共同記者会見でうれしそうに話していました。

図11　防衛関連費と後年度負担

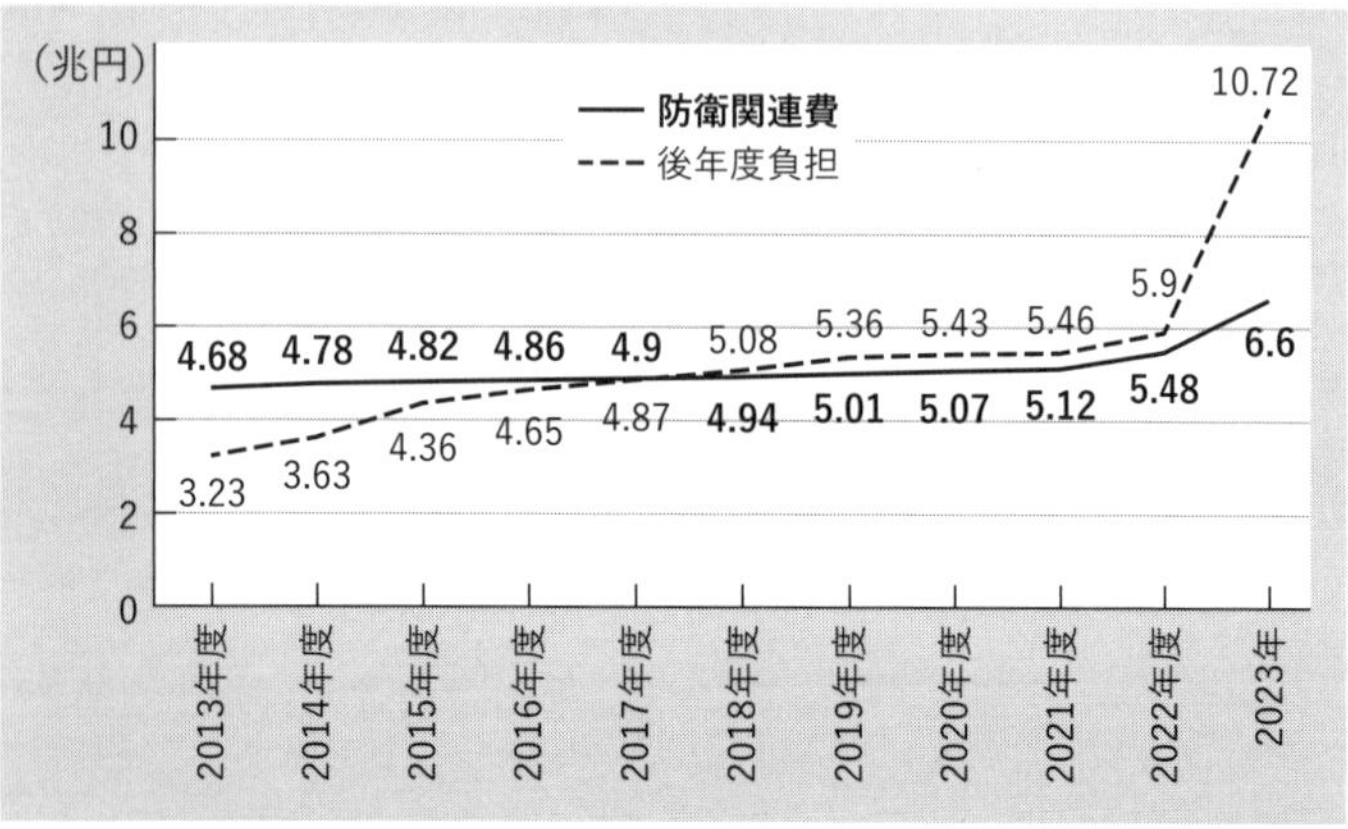

出典：「防衛白書」より作成

金子　トランプの初来日は２０１７年のことですが、この年、後年度負担が防衛予算額を上回ってしまいます。しかし、それ以前から後年度負担が増えていて、２０１３年度には３・２兆円ほどでしたが２０２２年度には５・９兆円とほぼ倍になっています。通常の防衛費はＧＤＰの１％が上限（シーリング）なので、後年度負担をどんどん増やした結果、１％が守れなくなってきたわけです（**図11**）。

山田　後年度負担だけで６兆円近くもあったら、とてもではありませんが１％の枠には収まりきれません。

金子　それで国内の兵器産業に対する支払いが滞って、５年ではなく10年のローンにしましょうとなってきたので、１００社ぐらいの企業が防衛産業から手を引いています。**図11**を見ていてわかるのは、防衛費増加の理由づけは、実際は台湾有事や敵基地攻撃能力などとは関係ないということです。

要するに、安倍さんがなぜアベノミクスがやりたかったかというと、後年度負担を利用してアメリカ製兵器の爆買いをしたかったからです。なし崩し的に防衛費を増やして既成事実化してしまえば、事実上なんでもできてしまう。そこへ取ってつけたように、台湾有事や敵基地攻撃能力、防衛費はＧＤＰの２％がＮＡＴＯの常識であるといって、壁を突破せざるを得なくなるように仕向けたわけです。

山田　すでに仕込んであって、爆買いであとから支払いが来るのはわかっていた。とりあえずＧＤＰ１％などといって防衛予算が組めない状態にしておいて、いざとなったときに敵基地攻撃能力、自分の国は自分で守るといった理屈をくっつけたということですね。

異次元の少子化対策にも防衛費増額のしわ寄せが……

金子　２０２３年度は、後年度負担が10・７兆円もあります。そのうち新規分の防衛費が約7兆円で、このペースで行くとどんどん後年度負担は増えていきます。すでに今の時点で後年度負担がGDPの2％分あるわけで、明らかにこの先、防衛費はGDP2％のシーリングのラインを超えていきます。

岸田さんは2027年度の防衛費がGDP比2％になるよう指示しましたが、こういうことは国会で決めていないし、5年後に後年度負担がいくらになっているかという見通しも明示されていません。防衛費の財源調達のあり方、歳出の伸ばし方も国民を欺いていくうちに、防衛費が一人歩きをして膨張し始めていくので、カタストロフの一方で、財政赤字がどうしようもない形で際限なく膨らみます。

その前兆、はっきりとした分かれ道は、異次元の少子化対策です。実体的には、現金給付の部分だけで第3子以降についても3兆円分出すといっています。異次元の少子化対策の中身は空疎ですが、空疎な中身でも8兆円は必要です。そのうちの3兆円を調達するのにさえ、財源が決まらないわけです。健康保険料を月500円上乗せする、歳出改革をするなどといっていますが、それも無理ではないでしょうか。

新型コロナによる医療崩壊や介護崩壊も起きていて、その中ですでに1・8兆円分はつなぎ国債、赤字国債でやるといい始めています。人口減少の度合いとスピードは尋常ではなく、22年の出生数が77万人まで減り、23年1月から6月までの出生数は37万人と過去最小になった。こんな急激な人口減少では年金、医療、介護など社会保障制度がいつ破綻してもおかしくありません。なんらかの対策をせざるを得ないのに、防衛費がなし崩し的に増えていく中で、さらに赤字国債で少子化対策をやっていくことになったら、当然、「財政がもつのか？」という話になります。

山田　たしかに少子化対策はやらなければいけませんが、その前に防衛費が立ちはだかっているわけです。防衛費だけで5年で43兆円増額したのでは、とてもではありませんが少子化対策にはお金が回りません。それでも、本気で少子化対策をしようと思ったら財源が必要で、そうなってくると財政が青天井になってしまいます。

金子　しかも、自民党の茂木幹事長の発言を聞いていると、少子化対策をまともにやるつもりがなく、例えば所得制限なしの児童手当は民主党政権のパクリですが、茂木さんは民主党政権の政策をボロクソにいっていました。ところが、やらざるを得なくなったわけです。さらにひどいのは、赤字国債依存になって財源がわからないとなったとき、費用負担関係を「見える化」するために、特別会計で「子ども金庫」をつくりますといっている。これはまさに防衛費と同じで、費用負担関係を見えなくする手段なのに、まったく逆のことを公然といってのけています。

山田　その財源はどこにあるのでしょう？

金子　おそらく、保険財政を部分的に入れる、あるいは赤字国債を入れる、財投を組み込むといったように、またごまかしが始まるわけです。

山田　３兆円という現金給付が中心の少子化対策も、結局は社会保険に上乗せする負担増に他ならない。歳出改革はサービスの低下です。さらにもう一つはつなぎ国債で、それぞれ１兆円です。ということは、財政が完全に負担増か、サービス減か、国債かという感じになってしまっています。

金子　こんな状況で防衛費を倍増するのは、明らかに無理があります。むしろ少子化、あるいは医療や介護も含めて社会保障をどうするかという財源がまったく出ないような状態で、社会問題はどんどん先鋭化していく一方です。その中で、防衛費増額によるさらなるしわ寄せがいって、赤字国債を出し続けたら、植田日銀総裁は金融正常化といっていますが絶対にできないでしょう。

経常収支が赤字になると日本の財政が揺らぐリスクは高まる

山田　金融正常化と、財政赤字がどんどん増えていく、国債が乱発されるということは、どういう関係にあるわけですか？

金子　金利を上げたら、国債費もどんどん増えていきます。ですから、今の状況で金利を上げたり国債の買い取りを縮小したりするのは、財源を圧迫することになります。むしろインフレ下で財政拡張と金融緩和を続けていったら、よりインフレをひどくしますが、逆にインフレによって実質財政赤字は目減りし、かつ消費税収は増え、円安で法人税も増えます。インフレ課税路線ですね。

山田　今の金融情勢を見ていたら、これだけのインフレが起きたのだから、日銀は他の国と同じように金利を上げなければいけないし、国債をどんどん買い取っていくこともやめなければいけないといわれていますが、そのようなゆとりはないということですね。

金子　このまま金融緩和を続けていったら、経済危機になる可能性が高い。経常収支というのは、国際収支の中で貿易収支と海外投資の収支を合わせたものです。現在は貿易赤字がひどいですが、海外投資の収益で何とかカバーしているわけです。これが徐々に減っており、2022年度は9兆円と前年度から11兆円減です。

この状態がしばらく続いていって経常収支が赤字になったときには、財政赤字を国内の資金で賄えなくなってしまいます。たしかに、企業の内部留保は増大していますが、個人貯蓄は新型コロナの給付金で一時的に上がったものの、基本的には少子高齢化なので徐々に減っていきます。

山田　そうですね。日本は貯蓄大国ですが、これからはそれを取り崩していくような感じになってくるのでしょう。

金子　少子高齢化のもとでは、貯蓄がそう簡単に増えていくことはありません。繰り返しになりますが、経常収支の部分が赤字になってくると、外国の投資家に日本の国債を買ってもらわなければならなくなります。それがすぐに財政危機に直結することはありませんが、外国人投資家がなにかのきっかけで突然、国債を売ったりすると、とたんに日本の財政は揺らいでしまいます。

山田　外国人のお金に頼るようになると、財政赤字は非常に危険な状態になっていくということですね。

金子　これはダブルパンチになる可能性があって、過去の事例でいうと、20世紀のアルゼンチンではキャピタルフライトが起きて、国債が暴落するときにペソも暴落していきます。つまり、日本という国は信用できないので、円は売って他に投資するという可能性があるわけです。

山田　外国人が日本の国債を持つと、そのようなリスクが増えてくる。

金子　私がいっているのは、もちろん最悪のケースです。そうなるともはや取り返しのつかない状態になるので、我々が経済政策を立てるときには、最悪のケースを防がなければなりません。ですが、まったくの備えがないまま、岸田政権は財政赤字を出し、植田日銀はそれを買い支えるということを続けています。

山田　今、植田日銀がやっているのは金利を低く抑えると同時に、国債を買うことによって日本の財政赤字を日銀が補塡しているということですね。それを止めなければいけないといわれていますが、今のお話を聞いていると止められないということですか？

金子　止められないことを読まれて、投機筋に円安や国債売りを仕掛けられ、バブル状態になったりしているということです。本当に貿易赤字がひどくなっていますが、経常収支の赤字がいつ来るのだろうかという問題が、これから先の日本にとって大きな壁になっています。

山田　日本の財政赤字を賄うために、外国から入ってくるお金が必要になるのはいつかということですね。

国内の産業のあり方がますます重要になってくる

金子　財政で国債の価格や金利がどうなるか、株価がどうなるかということは、金融に関心がある人にとっては重要なテーマです。しかし、深い意味でカタストロフを考えるときは貿易、さらにいえば基本になる産業のあり方に目配りしないと、この国が維持できるかどうかがわからなくなってしまいます。

山田　国内の産業を育てることが大事になってくるということですね。

金子　岸田政権が骨太方針で打ち出したＧＸ（温室効果ガスを発生させる化石燃料から太陽光発電、風力発電などのクリーンエネルギー中心へと転換し、経済社会システム全体を変革する取り組み）もＤＸ（企業がビッグデータやＡＩ、ＩｏＴなどのデジタル技術を活用して、業務プロセスを改善し、製品やサービス、ビジネスモデルを変革するとともに、組織、企業文化、風土をも改革し、競争上の優位性を確立すること）もすでに破綻しています。

今、例えばエネルギー転換も遅れています。60年を超えた原発の運転を認め、原発は発電量を調節するために絶えず火力を必要とするので、石炭火力もしばらくは続けるとはっきり打ち出している。化石燃料の輸入は２０２２年には35・２兆円もありました。岸田政権のＧＸは原発60年超え運転が中心ですが、その突破口として福島原発の処理水の海洋放出を企み、23年８月24日に実行しています。

しかし、これは通常の原発処理水と違ってメルトダウンした原発を通しており、トリチウム以外の核種（ストロンチウム等）を含んでおり、二次処理が必要です。しかもそれを何十年にもわたって担うのが、経営責任を問われていないゾンビ企業の東京電力です。当事者能力が疑わしいどころか、一種のスキャンダルです。

ＤＸも日本のデジタル赤字が４・７兆円です。マイナンバーカードがなぜダメかというと、多数のトラブルの責任を職員や利用者のせいにしていますが、Ｊ-ＬＩＳに群れている政府御用達の縁故企業のデジタルの能力、ＩoＴの能力が非常に低いからです。根本的にＧＡＦＡに遅れているだけではなくて、マイナンバーで食べていかなければならないくらいに、ＩＴ産業は衰退してしまっているわけです。デジタル庁にはそれらを統合する能力はありません。

カード化自体がアナログであり、たばこのｔａｓｐｏのように利権の匂いがプンプンします。おまけにマイナ保険証の顔認証、本人確認の不具合や証明書の誤交付などを見ればわかるように、また誤登録をチェックする仕組みもないのはシステムの欠陥に起因しています。加えて技術力が非常に低く、しかもＩＴ土建といわれるように下請けに丸投げしているので、マイナンバーの問題がまったく収拾しない。住基ネットのようにＷｉｎｄｏｗｓでプログラムを組んでいたら、ＩＴ産業は育ちません。ひも付けを増やして利便性を拡大すればセキュリティが甘くなるのは当然です。いろいろ過剰な紐付けをやめ独自にＯＳを組み上げて、セキュリティを自分たちで構築していく必要があります。

山田　今の政府のシステムは、ＷｉｎｄｏｗｓやＧｏｏｇｌｅに頼っています。

金子　六大学の一部でさえもＧｏｏｇｌｅのできあいの仕組みに頼りきって、独自のＯＳで大学のシステムを組んでいません。企業のクラウド利用もアメリカ依存です。そうすると、デジタル赤字はさらに拡大していくでしょう。そういう意味では、チャットＧＰＴも、それに依存しようとしたら、さらにデジタル赤字が増えていきます。

山田　今まで日本は産業が強かったので、貿易収支も経常収支も黒字で黒字大国だといわれましたが、もう貿易収支は赤字です。

金子　医薬品も、ワクチンや抗ウイルス剤がつくれず、厚労省は自動でPCR検査ができる「プール」方式さえ使えません。その結果、医薬品の貿易収支（2022年度）は4・6兆円の赤字です。目を覆いたくなるのは、日本の製薬会社がほとんど外資に乗っ取られつつあり、かつ研究所が次々と海外に移っていることです。

また、EV化が進んでいる中で、トヨタやホンダがテスラやBYDに非常に遅れを取っています。2026年にトヨタとホンダが電気自動車を販売するとき、それが空振りになると、自動車産業は決定的な危機を迎えます。

三菱ふそうと日野自動車の経営統合は、BYDのバスのEV化と自動運転に対抗しようとする意図ですが、これは三菱ふそうの親会社であるダイムラーから持ちかけています。一方、日野自動車の親会社であるトヨタは、まだFCEV（燃料電池自動車）で水素にこだわっている。本当の意味で技術の遅れを取り戻す気があるのか、経常収支が赤字になる前に間に合うのか不安になります。

山田　次世代を支える主要産業の劣化ははなはだしい……。

金子　産業の国際競争力が落ちてくると、貿易赤字がひどくなるだけではなく、海外に進出している企業の競争力も次第に落ちてきます。実は、東南アジアの貿易などでは中国や韓国、アメリカの立場は上がっているのに、日本の立場は次第に落ちています。円安依存でごまかしていますがそういう状況を見ていると、我々は徐々に足腰が弱まっているのだと感じます。これを3～5年の間にきちんと立て直さず、依然として財政赤字が野放図にたれ流されているままだと、危機的状況に陥ることは火を見るより明らかです。

山田　産業が衰退し、経常収支が赤字になってしまうと、これが財政赤字の補塡、資金繰りに影響してくるということですね。

金子　経常収支が赤字になり外国人が国債を買うようになると、外国人投資家の意向で動いてしまうので、最悪のケースでは国債を大量に売るときに円も売られるキャピタルフライトが起こります。すると日本国内で投資していても仕方がないので海外に投資しようとなって、猛烈な円安、暴落が起こる。トルコで起こったような事態になってしまうわけです。そういう状況の中でバブルが起きているのは、きわめて異常です。

山田　未来は明るくないのに、株式市場で妙な活況が起きています。

金子　植田日銀総裁はそう簡単に金融緩和をやめないと踏んでいるので、足元を見られているということです。

山田　なぜ、やめられないのでしょう。

金子　劣化した自民党安倍派の政治家と世襲政治家が闊歩していて、彼らが政権党に政治献金して官僚たちの天下りを受け入れる一部の企業と利益共同体を形成し、技術的に衰退していくにもかかわらず、マイナンバーカードなどの国家プロジェクトで生き延びようとしているからです。その体制を維持するために、財政赤字が歯止めのない状態なので、政府の意向を無視して投機筋が円を下げ金利を上げていこうとしています。金利が上がれば国債費が膨大に増えてしまい、日銀は国債の損失も出てくる。

山田　財政が破綻するかもしれないというのに、日銀も債務超過になってしまう恐れがあるので、やめられない。

金子　インフレにもかかわらず、円安が続いている状態をなんとかしなければいけないので、正常化のために金利を上げ、金融緩和を縮小しようとする声もたしかにあります。黒田さんの任期末期に、足元を見られて投機筋にやられましたから。円安が為替介入時の１４５円台を再び突破したように、今もそういう状態であるとは感じています。ところが、逆に足元を見られてバブルになったほうが株価が上がり、支持率も上がって選挙に有利だというような話になってしまいます。この状態は、私にいわせると滅びの前兆です。

山田　株価が上がっているのは、決してうれしい話ではないということですね。

財政の優先順位を考えるべきときがきた

金子　日銀は動きが取れないという足元を見られて、投機マネーが大量に入ってきているのが今の状態です。このまま行くと、日本のマーケットはますます外国人の食い物になる可能性が高い。

山田　では、どうすればいいのですか？

金子　防衛費を無理なやり方で増やすのではなく、少なくとも日本の身の丈に合った防衛費のあり方に変えて、アメリカの動向を注意深く見ていきたいですね。台湾有事などという煽り方はやめて、より冷静な形、有効な形で防衛費を縮減しながら、日本の中で起きている少子高齢化や社会保障の問題、産業衰退の問題をどうしたらいいかを考える。そのために予算を組み替えたり、電力改革を大胆に行ったり、エネルギーと食料の自給のため地域分散型経済システムに転換したり、地方分権改革を行ったりする。そうして大学の教育研究体制を立て直し、きちんとした有効な新しい人材と産業をつくっていくのです。
　目先の株価上昇に目を奪われているのは、ろうそくが消える前に一瞬明るくなるのと似た状態に入っているようなものです。それなのに、日本経済は元気になったと勘違いしている人が多すぎます。その考えはすぐに捨てたほうがいい。

山田　岸田政権からすると、たしかに「株価が上がれば、支持率も上がる」というような雰囲気があります。

金子　岸田さんは、目先のことしか考えていません。日本の未来など考えていないのです。考えていたら、「新しい資本主義」をもう少し真面目にやると思います。首相になりたいというだけで、どうすれば政権を維持できるかしか頭にないので、株価が上がって「支持率も上がってよかった」という感じです。

山田　金子さんがおっしゃるように、産業政策やエネルギー政策、ＩＴ政策などを地道にやっていかなければ、日本の産業が衰退して財政赤字を支えられない。

金子　この末期症状的バブルは、滅びに至る前兆であるという厳しい認識を持ってほしい。そのうえで自分たちの足元を見つめ直し、日本をどうやって立て直すかということを真剣に考えるときです。

山田　日経平均株価が一時3万3000円に達し、「これから大相場だ」というような話がありました。ですが、そういうことではなく、むしろ財政や産業に問題がある状況だからこそ、このような末期的バブルが起きている。

金子　バブルの崩壊した1993年以降、この国は滅びのカウントダウンに入ったということを忘れてはいけません。

山田　我々に残された時間は、あと何年くらいあるのでしょうか？

金子　ウクライナ侵攻がどうなるかにもよりますが、それを別にして、私は、めどになるのは3年だと思ってます。なぜかというと、その理由は4つあります。まず、財政赤字を国内でファイナンスできるかどうかというときに、国際収支の問題があります。次に、異次元の少子化対策をどこまでやるか。放置していると、どんどん人口が減って少子化は進むので、3年をめどに赤字国債で少子化対策をやるしかない案になっているわけです。3つめは、防衛費のいわゆる時限爆弾としての後年度負担10・7兆円（2023年度）がどのくらい増えていくのかが、3年もすれば見えてきます。4つめは経常収支が黒字から赤字になるかというとき、3年後の2026年にトヨタとホンダが発売予定の電気自動車が世界をリードできるのか、ということが挙げられます。
もう一つのめどは５年です。防衛費を５年で43兆円増やすといっており、そのときに本当に歯止めがきかなくなるかどうかがはっきりすると思います。
私たちはこの状況を見据えなければなりません。長期的には少子高齢化によって年金が破綻するといったリスクもありますし、そういう危機が迫っているのに、悠長に見ているときではないということを自覚すべきです。

山田　滅びのカウントダウンが始まっているという現状認識のもとに、どのような政策を打つのか、財政の優先順位を考えていかなければならない。

金子　政策の一番の基本は、最大のリスクを防ぎ、それに備えながら、国民にとって最も必要な政策に優先的にお金を割り振るという、当たり前の原理原則に立ち戻ることです。

あとがき

10年前、多くのメディアはアベノミクスを受容し、批判的な意見をことごとく排除してきた。その結果、経済政策に関しても民主主義的な議論を失わせ、それがいよいよ日本経済を「瓦解」に追い込んでいる。現在では多少の変化が見られるものの、依然として多くのメディアは防衛費倍増政策が持つ経済的な危険性を追及することはない。こうした忖度から脱しないかぎり、日本経済の「瓦解」は止まらない。それが本書の基本認識である。

思い返してみよう。「2年で2％」の物価目標を掲げて「黒田バズーカ」と称する大規模金融緩和を実行してきた黒田東彦・前日銀総裁は、2年たっても物価目標を達成できないまま、失敗を検証することなく、2016年2月にマイナス金利政策に突っ込み、9年も大規模金融緩和を続けていった。その結果、赤字国債残高は1000兆円を超え、日銀がその半分を抱え込み、国債市場はマヒ状態に陥ったのだ。それでもデフレから脱することはできなかった。そしてアベノミクスは「出口のないねずみ講」に陥った。リフレ派もMMT（現代貨幣理論）も犯罪的な役割を演じてきた。

やがて、新型コロナウイルスの世界的流行とともにサプライチェーンが破壊され、加えてロシアのウクライナ侵攻によって化石燃料と穀物の価格が急騰した。世界中の中央銀行は金融を引き締め、金利を引き上げた。ところが、アベノミクスは金利が上昇したら破綻してしまう。政府は国債費が増加し、日銀は持っている国債価値の低下によって含み損が発生するからだ。当座預金の金利を引き上げたら直接日銀に損失をもたらす。懸念された事態が訪れたのだ。黒田前総裁は、ひたすら責任を回避して膨大な国債を購入したものの、長期金利の上限金利を０・５％に引き上げざるを得なくなった。

植田和男氏が日銀総裁を引き継いだが、状況は同じだ。アメリカのＦＲＢ（連邦準備制度理事会）が２０２３年7月26日に０・25ポイント利上げし、政策金利が５・25～５・５％になった。翌27日、植田日銀はＹＣＣ（イールドカーブ・コントロール）の目安となる長期金利（10年国債の利回り）の上限金利は０・

5％のままにしつつ、前後0・5％の変動幅を許容する方針を打ち出した。

結局、植田日銀総裁は岸田政権の防衛費倍増政策を支えなければならず、金融緩和の継続を決めた。投機筋は、植田日銀がインフレ対策に弱腰で、金融政策が柔軟性を失っているのを見透かして動いている。円安が進むときは円売りドル買いで儲かる。円安修正に動けば、今度は国債を空売りすることで、日銀は必ず買い支えてくれるので確実に儲かる。こうして徐々に円安が進んで、国債金利が上昇している。

植田日銀による微調整は、インフレ抑制効果がほとんどなかった。だが、メディアは防衛費倍増政策に忖度しつつ、植田日銀が金融正常化を目指しているかのように取り繕っている。実際は、アベノミクスの過去のツケと、5年間43兆円の防衛費を捻出するために、植田日銀が支えなければならず、破局に向かって突き進むしかない。しかし、2022年9月の大規模為替介入を行ったときの1ドル145円に逆戻りしてしまった。これはインフレ課税路線を歩むということなので、実質賃金低下と格差拡大を進める。これで5年間、社会がもつのだろうか？

さらに問題なのは、円安が進めば進むほど、外国人投資家主導で株高・不動産高が進行している点にある。33年ぶりの3万3000円台に乗る株高が起きており、2023年前半で首都圏マンションの平均価格は8800万円を超えている。33年ぶりの株高というが、当時はジャパン・アズ・ナンバーワンの時代であり、円高の時代だった。だが、今や先端産業が急速に衰退している。この金融緩和バブルが崩壊したとき、日銀も保有株式の含み益をはき出し、深刻な影響は避けられない。

もう一つ別の経済破綻のシナリオもある。それは産業衰退によって貿易赤字が拡大し、それが経常収支の赤字になっていく道筋である。実際、2022年度の貿易赤字は21・7兆円に達し、23年前半（1~6月）でも6・96兆円の赤字である。稼ぐ力の衰退はやがて海外に進出した企業にも及ぶ。財政赤字（日本国債）を国内でファイナンスすることができなくなるだろう。それは破綻の序曲である。

今までの習い性で、日本の産業は国際競争力が高いと思い込んでいる人々にはにわかに信じがたいことだが、現実は現実だ。近未来に日本が直面する最悪のリスクをしっかりと見据えて、最悪のリスクを防ぎ、それに備えつつ、どうやって先端産業をつくり直し、人々が生きていけるようにできるのか、真剣に考えなければならない時代が来ている。

最後に、本書を刊行するきっかけは、インターネットチャンネルの「デモクラシータイムス」である。「デモクラシータイムス」において2019年10月から動画番組として配信してきた「金子勝の言いたい放題」は、23年8月までのほぼ4年弱で37回を数えた。おかげさまで定期的に見てくれる視聴者もたくさん増えた。メディアが忖度だらけの報道になる中で、西垣成雄さんが書籍化しないかと声をかけてくれた。西垣さんのご尽力がなければ、本書は生まれなかった。最後に感謝して筆を置きたい。

2023年8月吉日

金子　勝

装丁・DTP　若菜　啓
編集協力　齋藤伸成　田中智沙
企画・編集　青文舎（西垣成雄）

金子　勝（かねこ まさる）
経済学者。淑徳大学大学院客員教授。慶應義塾大学名誉教授。専門は制度経済学、財政学、地方財政論。単著には『市場と制度の政治経済学』（東京大学出版会）、『セーフティーネットの政治経済学』（ちくま新書）、『新・反グローバリズム』（岩波現代文庫）、『平成経済　衰退の本質』（岩波新書）、『イギリス近代と自由主義』（筑摩書房）など、共著には『逆システム学』『日本病』『現代カタストロフ論』（いずれも岩波新書）、『儲かる農業論』（集英社新書）などがある。

聞き手・山田厚史（やまだ あつし）
元朝日新聞社編集委員。デモクラシータイムス同人。ジャーナリスト。1971年に朝日新聞社入社。経済部にて大蔵省、外務省、日本銀行、自動車業界、金融業界などを担当。その後ロンドン特派員として欧州経済を担当。93年4月から経済部編集委員として「国際経済と金融」担当などを経て、17年4月よりインターネットメディアのデモクラシータイムスにて「山田厚史の闇と死角」や「山田厚史の週ナカ生ニュース」などの番組を担当している。

岸田自民で日本が瓦解する日
アメリカ、中国、欧州のはざまで閉塞する日本の活路

第１刷　　2023年9月30日

著　者　　金子　勝
発行人　　小宮英行
発行所　　徳間書店
〒141-8202　東京都品川区上大崎3-1-1
目黒セントラルスクエア
電話　　編集(03)5403-4344／販売(049)293-5521
振替　　00140-0-44392
印刷・製本　大日本印刷株式会社

ISBN978-4-19-865691-1